金融服务 乡村振兴

JINRONG FUWU
XIANGCUN ZHENXING
LILUN YU SHIJIAN

——理论与实践

刘松涛◎著

中国金融出版社

责任编辑：王雪珂
责任校对：潘　洁
责任印制：丁淮宾

图书在版编目（CIP）数据

金融服务乡村振兴：理论与实践/刘松涛著 . —北京：中国金融出版
社，2023.9
ISBN 978 - 7 - 5220 - 2109 - 6

Ⅰ.①金…　Ⅱ.①刘…　Ⅲ.①农村金融—商业服务—研究—中国
Ⅳ.①F832.35

中国版本图书馆 CIP 数据核字（2023）第 131994 号

金融服务乡村振兴
JINRONG FUWU XIANGCUN ZHENXING

出版
发行　**中国金融出版社**

社址　北京市丰台区益泽路 2 号
市场开发部　（010）66024766，63805472，63439533（传真）
网上书店　www.cfph.cn
　　　　　（010）66024766，63372837（传真）
读者服务部　（010）66070833，62568380
邮编　100071
经销　新华书店
印刷　保利达印务有限公司
尺寸　169 毫米 ×239 毫米
印张　12
字数　170 千
版次　2023 年 9 月第 1 版
印次　2023 年 9 月第 1 次印刷
定价　56.00 元
ISBN 978 - 7 - 5220 - 2109 - 6
如出现印装错误本社负责调换　联系电话（010）63263947

序　言

　　乡村振兴战略是决胜全面建成小康社会、全面建设社会主义现代化国家的重大历史任务。实施乡村振兴战略，走中国特色社会主义乡村振兴道路，对金融服务提出了新要求，为金融发展带来了新机遇。一方面，中央一号文件提出，要健全投入保障制度，创新投融资机制，加快形成财政优先保障、金融重点倾斜、社会积极参与的多元投入格局。金融是实施乡村振兴战略的重要支撑，是促进资源配置的重要手段，为实体经济服务是金融的天职，客观上要求金融在实施乡村振兴战略的过程中展现更大作为。另一方面，农业供给侧结构性改革和农业农村现代化建设的加快推进，将为深入推进金融服务创新进而提升金融服务的效率和水平提供重要机遇，同时随着城乡融合发展制度框架和政策体系基本形成、农业农村现代化基本实现、乡村全面振兴等阶段性目标的达成，农业农村要素、产业和市场有效激活，将为金融发展提供更加坚实的基础和更加广阔的空间。在新的形势下，抓住机遇，发挥优势，聚焦改革，深化创新，提高金融服务乡村振兴能力和水平，对于构建农村金融创新与农村经济改革协同机制，实现金融发展与乡村振兴的良性互动，具有非常重要的意义。

　　本书围绕金融服务乡村振兴战略，聚焦人口迁移、土地流转、产业融合、扶贫减贫、政策评估等重点领域，对金融服务乡村振兴的作用机理、创新实践、政策绩效等关键问题进行了系统性研究。一是基于城乡人口迁移视角，运用新经济地理学模型对金融深化、劳动者迁移与城镇化格局之间的关系进行了理论分析和数值模拟。二是基于农村土地流转视角，运用金融供需分析框架对土地流转金融供需特征以及供需矛盾进行了理论分析和实证分析。三是基于农村产业融合视角，运用金融传导渠道对金融助推农村产业融合发展的储蓄效应、投资效应、资源配置效应以及助推农业技术进步的资本形成效应、风险分散效应、信息传递效应、项目监管效应进行了理论分析和实证分析。四是基于农民增收减贫视角，从经济增长、可获得性等维度对金融助推农民增收减贫的内在作用机理进行了理论分析和实证分析。五是基于信贷政策效果视角，运用 DEA 方法对重庆市金融扶贫政策导向效果进行了投入产出分析。在此基础上，分别从发展现状、创新实践、服务效果等不同维度对城乡人口迁移、农村土地流转、农村产业融合、农民增收减贫等金融服务机制进行了调研分析，有针对性地提出了若干建议。

刘松涛
2023 年 7 月 28 日于重庆

目　　录

第1章 问题的提出

1.1 研究背景与意义

乡村振兴战略是习近平总书记 2017 年 10 月 18 日在党的十九大报告中提出的战略。党的十九大报告指出，农业农村农民问题是关系国计民生的根本性问题，必须始终把解决好"三农"问题作为全党工作的重中之重，实施乡村振兴战略。实施乡村振兴战略，是建设现代化经济体系的重要基础，是建设美丽中国的关键举措，是传承中华优秀传统文化的有效途径，是健全现代社会治理格局的固本之策，是实现全体人民共同富裕的必然选择，是解决新时代我国社会主要矛盾、实现"两个一百年"奋斗目标和中华民族伟大复兴中国梦的必然要求，具有重大现实意义和深远历史意义。

乡村是具有自然、社会、经济特征的地域综合体，兼具生产、生活、生态、文化等多重功能，与城镇互促互进、共生共存，共同构成人类活动的主要空间。乡村兴则国家兴，乡村衰则国家衰。我国人民日益增长的美好生活需要和不平衡不充分的发展之间的矛盾在乡村最为突出，我国仍处于并将长期处于社会主义初级阶段的特征很大程度上表现在乡村。全面建成小康社会和全面建设社会主义现代化国家，最艰巨最繁重的任务在农村，最广泛最深厚的基础在农村，最大的潜力和后劲也在农村。实施乡村振兴战略，坚持农业农村优先发展，按照产业兴旺、生态宜居、乡风文明、治理有效、生活富裕的总要求，建立健全城乡融合发展体制机制和政策体系，统筹推进农村经济建设、政治建设、文化建设、社会建设、生态文明建设和党的建设，加快推进乡村治理体系和治理能力现代化，加快推进农业农村现代化，走中国特色社会主义乡村振兴道路，对金融服务提出了新要求，为金融发展带来了新机遇。一方面，中央一号文件提出，要健全投入保障制度，创新投融资机制，加快形成财政优先保障、金融重点倾斜、社会积极参与的多元投入格局。金融是实施乡村振兴战略的重要支撑，是促进资源配置的重要手段，为实体经济服务是金融的天职，客观上要求金融在实施乡村振兴战略的过程中展现更大作为。另一方面，农业供给侧结构性改革和农业农村现代化建设的加快推进，将为深入推进金融服务创新进而提升金融服务的效率和水平提供重要机遇，同时随着城乡融合发展制度框架和政策体系基本形成、农业农村现代化基本实现、乡村全面振兴等阶段性目标的达成，农业农村要素、产业和市场有效激活，将为金融发展提供更加坚实的基础和更加广阔的空间。在新的形势下，抓住机遇，发挥优势，聚焦改革，深化创新，提高金融服务乡村振兴能力和水平，把更多金融资源配置到农村经济社会发展的重点领域和薄弱环节，更好地满足乡村振兴多样化金融需求，对于构建农村金融创新与农村经济改革协同机制，实现金融发展与乡村振兴的良性互动，具有非常重要的意义。

1.2 国内外研究现状

国外学者关于乡村振兴或与乡村振兴相关的乡村复兴、乡村建设、乡村再造、乡村发展的研究颇丰。在乡村振兴的要素研究方面：Gladwin 等（1989）研究认为，农民创业精神是农村振兴的一个关键。Johnson（1989）研究认为，发展农村金融是农村振兴的关键所在。Korsching（1992）在考察美国和加拿大两国的乡镇社区发展联盟基础上认为，多社区协作对农村振兴发展尤为重要。在乡村振兴的主体研究方面，Greene（1988）通过分析农业多元化发展倡议，认为政府在乡村振兴中有着不可替代的主体作用。Ayobami 等（2013）研究了旅游志愿者在乡村振兴中的作用。Kawate

（2005）分析了农村复兴和改革组织在日本农村振兴及当代日本农村发展的作用。在乡村振兴的案例研究方面：Wood（2008）、Carr 等（2009）、Li 等（2017）、Miletic 等（2017）、Nonaka 等（2015）分别对东亚地区、克罗地亚、日本等国家的农村振兴发展计划和实践进行经验介绍。在乡村振兴的理论研究方面：Bai 等（2014）、Laughlin 等（2016）、Liu 等（2017）站在乡村发展和全球治理角度，或结合实践案例，或结合研究领域，对乡村振兴有关理论进行研究和探讨。

在金融方面，国外学者的研究主要集中在农村金融和经济发展的关系、供需关系、信息不完全等方面。Patrick（1966）的农村金融发展模式理论提出了适用于发展中国家农业不同发展阶段的需求追随模式和供给领先模式。Seibel（2001）以及 Gonzalez（2003）研究了发展中国家农村金融市场存在的主要问题以及非正式金融机构进入农村金融市场的原因，提出了农村金融市场深化、非正式金融正规化等观点。Ramakumar 和 Chavan（2007）、Takale（2013）考察了商业银行农业信贷的变化以及对农业发展的推动作用。Stiglitz（1981）、Singh 和 Kaur（2011）、Jansson（2013）等从信息经济学的角度研究农村金融市场存在的问题，提出了不完全竞争市场论，认为信息不对称导致信贷市场无法实现市场出清，特别是广大低收入人群信贷可得性问题尤为突出，应该通过政府合理干预金融市场、发展非正规金融组织等途径加以解决。Schneider（2015）认为农村金融服务的载体是信息技术和基础设施，因此信息技术的应用对农村金融服务创新至关重要。Anand 和 Bansal（2015）认为为农户和农业企业提供精准的金融服务需要金融机构机制的支持。Sudhir（2017）认为降低金融机构的信息成本和监督成本可以通过团体联合保证的方法。Mark（2018）认为影响农村金融机构进行金融服务创新进而降低农业保险的影响因素有市场趋势、农业生产率、技术水平等因素。

"三农"问题作为研究热点之一，在国家实施乡村振兴战略提出前，我国学者主要围绕乡村建设、乡村发展、乡村经济振兴、乡村社会秩序重构等方面来展开。黄季焜（2004）、项继权（2009）、黄祖辉等（2009）、潘家恩（2017）站在过去、现在和未来角度，指出农业农村的一些基础性、理论性研究问题，对乡村建设一些脉络进行了梳理。韩俊（2016）、刘彦随（2016）、陈锡文（2017）对新时期中国城乡发展战略布局问题进行了探索。潘家恩（2016）对乡村衰败、乡村复兴、城乡矛盾、城乡失衡等问题进行了研究。贺雪峰（2016）指出，当下分化的农村带来复杂的治理难题。郑风田（2016）、刘守英（2017）指出，新时代城乡一体化发展进程必须由单向城市化转向城乡互动发展。蔡昉（2017）认为，乡村发展需要走一条以人为核心的城镇化道路。在案例实证研究方面：赵晨（2013）、高慧智等（2014）、魏广龙（2016）分别对我国一些地区的乡村振兴进行案例剖析，获得一些启示。

在金融方面，国内学者的研究主要集中在农村金融制度变迁、农村金融体系建设、新型农村金融机构发展等方面。张杰（2003）、刘卫柏（2012）从制度经济学角度，对中国农村金融体制的变迁过程进行了研究。葛永波等（2010）从统计调查和协整分析角度对农村正规金融信贷和农村经济发展之间的关系进行了考量。蔡友才（2008）、周立等（2009）分析了我国农村金融体系的形成过程以及与农村经济发展不协调的问题，在此基础上提出了农村金融体系改进建议。樊纲（2000）、林毅夫（2003）、何广文（2007）、韩俊（2009）等学者认为需要降低准入门槛，培育竞争机制，吸引各方资本，构建多元化、多层次的金融体系，激活金融市场的活力。陆远权和张德钢（2011）、陆智强等（2011）、洪正（2011）、梁静雅等（2012）从政策风险、市场风险、经营风险、道德风险、监督效率等方面剖析了新型农村金融机构可持续发展的制约因素，在此基础上提出了相应的对策和建议。王玮和何广文（2008）、赵志刚和巴曙松（2011）对农村资金互助社、村镇银行等新型金融机构进行了具体研究。

综上所述，国外学者关于农业农村发展趋势及其金融问题的研究成果，对于我国实施乡村振兴战略具有一定的启示，国内学者对乡村振兴战略相关领域的研究，主要集中在探讨乡村振兴战略的内涵、意义，实施目标、原则、重点与关键措施等宏观方面,大多还停留在农村金融制度变迁、农村金融体系建设、新型农村金融机构发展等方面。对金融服务乡村振兴战略的作用机制、创新路径以及政策绩效等关键问题的理论研究,特别是对于金融服务乡村振兴战略的路径选择以及基于法律上允许、监管上合规、经济上可持续、业务上可实现视角的机制设计的实务研究,尚十分薄弱,相对于当前和今后一个时期深入推进实施乡村振兴战略的实践需求而言,有待进行更加系统、更加深入的研究。

1.3 研究目标与内容

本书的目标在于围绕金融服务乡村振兴战略,聚焦人口迁移、土地流转、产业融合、扶贫减贫、政策评估等重点领域,通过对金融服务乡村振兴的作用机制、创新实践、政策绩效等关键问题进行理论和实证研究,进一步阐明金融服务乡村振兴的路径和机制,并在此基础上提出政策建议。

第 1 章问题的提出,阐述了研究背景与意义、国内外研究现状、研究目标与内容、技术路线与方法以及主要创新与不足。

第 2 章金融服务乡村振兴的历史演进,从理论维度对农业信贷补贴理论、农村金融市场论、不完全竞争市场理论进行了回顾,从实践维度对城乡经济关系的五个发展阶段和农村金融体系的四个发展阶段进行了回顾,结合习近平新时代中国特色社会主义思想对践行人民金融理念和服务乡村振兴战略进行了阐述。

第 3 章基于城乡人口迁移视角的乡村振兴金融服务机制,首先借鉴新经济地理学模型,扩展构建了城乡经济系统空间动态均衡模型,对金融深化、劳动者迁移与城镇化格局之间的关系进行了理论分析和数值模拟,在此基础上对城镇化进程中新市民金融服务的基本现状、主要问题、创新实践进行了调查分析,提出了政策建议。

第 4 章基于农村土地流转视角的乡村振兴金融服务机制,首先通过金融供需分析框架，对农村土地流转金融需求特征、供给特征以及供需矛盾进行了理论分析，在此基础上对农村土地流转金融的基本现状、主要问题、创新实践进行了调查分析，提出了政策建议。

第5章基于农村产业融合视角的乡村振兴金融服务机制，首先通过金融内在作用机理，对金融深化对农村产业融合发展的储蓄效应、投资效应、资源配置效应以及对农业技术进步的资本形成效应、风险分散效应、信息传递效应、项目监管效应进行了理论分析，在此基础上对农村产业融合金融服务的基本现状、主要问题、创新实践进行了调查分析，提出了政策建议。

第6章基于农民增收减贫视角的乡村振兴金融服务机制，首先从经济增长、可获得性等维度对金融扶贫减贫的内在作用机理进行了理论分析，采用PVAR模型对重庆各个区域板块城乡收入差距变化进行了实证分析，此基础上对金融扶贫减贫的责任内涵、主要矛盾、创新实践进行了调查分析，提出了政策建议。

第7章基于扶贫政策效果视角的乡村振兴金融服务机制，对信贷政策导向效果评估的现状进行了回顾，在此基础上采用DEA方法对重庆市金融扶贫政策导向效果进行了投入产出分析，提出了政策和建议。

第8章结论与展望，对研究创新和不足进行了归纳，对下一步研究进行了展望。

1.4 技术路线与方法

（1）文献分析法。运用文献分析法，分析国内外研究现状，归纳金融服务模式，了解研究进展和创新趋势。

（2）调查分析法。运用调查分析法，获取和研究农业农村要素流动、产业融合、居民收入、金融政策以及金融服务需求和供给的现状。

（3）行为分析法。运用行为分析法，分析土地流转、人口迁移等要素配置有关各方的决策行为、均衡机制及金融需求。

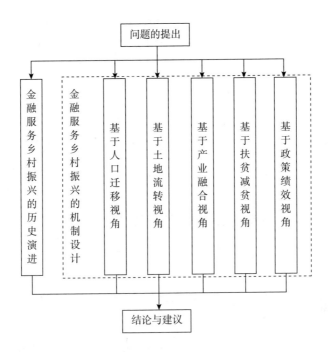

图 1-1　技术路线

（4）数值分析法。运用数值分析法，针对金融深化、人口迁移、城镇化格局演进以及劳动者福利变化进行数值模拟。

（5）实证分析法。运用实证分析法，对金融服务增收减贫等相关效应以及扶贫金融政策有效性进行实证分析。

1.5　主要创新与不足

本书围绕金融服务乡村振兴战略，基于人口迁移、土地流转、产业融合、扶贫减贫、政策评估视角，提出的一些理论机制、实践模式和实证结果，具有一定的创新性。主要包括：

（1）基于新经济地理学模型，在此基础扩展构建了包含三个部门（传统产业部门、现代产业部门和金融供给部门）和四种要素（传统技术型劳动者、现代资本型劳动者和金融资本、生产资本）的城乡二元经济结构空间动态均衡模型，对金融深化、劳动者迁移与城镇化格局之间的关系进行了理论分析和数值模拟，进一步解释了金融深化对城乡二元经济结构演化过程的影响机理。

（2）基于重庆市 38 个区县的面板数据，运用面板数据向量自回归模型（PVAR），对重庆市主城核心区、1 小时经济圈、渝东北翼、渝东南翼共 4 个区域板块城镇化、工业化与城乡收入差距之间的动态关系进行了实证分析，进一步发现了重庆市各区域板块城镇化、工业化对城乡收入差距的影响差异。

（3）基于系统联系观点，聚焦金融扶贫各个参与主体之间以及金融扶贫各类资源要素之间相互影响、相互制约和相互作用的关系，以利益联结机制为核心，以金融扶贫客体、主体、载体以及利益来源、联结渠道、实现形式等资源要素为内容，进一步探索创新了新时代中国特色金融扶贫减贫工作推进机制。

（4）基于投入产出角度，结合货币信贷政策传导的机制和过程，将政策资源的投入和经济主体的反应纳入评估体系，运用数据包络分析 DEA 方法将信贷政策效率评估机制具体化、可操作化，对金融机构落实扶贫开发信贷政策的投入产出效率进行了评估，对进一步完善宏观货币信贷政策调控工具和手段具有重要的参考作用。

本书的不足之处在于：受数据收集限制，部分实证结果的时效性不强，部分实践案例的深入性不足。在下一步的研究中，将加大数据收集的广度和力度，积极予以关注和完善。

第2章 金融服务乡村振兴的历史演进

2.1 乡村振兴战略内涵

乡村振兴战略是习近平总书记2017年10月18日在党的十九大报告中提出的战略。党的十九大报告指出，农业农村农民问题是关系国计民生的根本性问题，必须始终把解决好"三农"问题作为全党工作的重中之重，实施乡村振兴战略。中共中央、国务院连续发布中央一号文件，对新发展阶段优先发展农业农村、全面推进乡村振兴作出总体部署，为做好"三农"工作指明了方向。2018年9月，中共中央、国务院印发了《乡村振兴战略规划（2018—2022年）》。2019年4月，中共中央、国务院印发了《关于建立健全城乡融合发展体制机制和政策体系的意见》。2019年6月，中共中央、国务院印发了《关于加强和改进乡村治理的指导意见》《关于促进乡村产业振兴的指导意见》。2021年2月，中共中央、国务院印发了《关于全面推进乡村振兴加快农业农村现代化的意见》。2021年3月，中共中央、国务院发布了《关于实现巩固拓展脱贫攻坚成果同乡村振兴有效衔接的意见》。2021年4月，十三届全国人大常委会第二十八次会议表决通过《中华人民共和国乡村振兴促进法》。2022年全国"两会"调查结果出炉，"乡村振兴"关注度居第8位。

中共中央、国务院发布的《乡村振兴战略规划（2018—2022年）》以习近平总书记关于"三农"工作的重要论述为指导，按照产业兴旺、生态宜居、乡风文明、治理有效、生活富裕的总要求，对我国全面推进乡村振兴战略进行了统筹谋划。实施乡村振兴战略，坚持农业农村优先发展，建立健全城乡融合发展体制机制和政策体系，统筹推进农村经济建设、政治建设、文化建设、社会建设、生态文明建设和党的建设，加快推进乡村治理体系和治理能力现代化，加快推进农业农村现代化，走中国特色社会主义乡村振兴道路，让农业成为有奔头的产业，让农民成为有吸引力的职业，让农村成为安居乐业的美丽家园。到 2020 年，乡村振兴的制度框架和政策体系基本形成，各地区各部门乡村振兴的思路举措得以确立，全面建成小康社会的目标如期实现。到 2022 年，乡村振兴的制度框架和政策体系初步健全。国家粮食安全保障水平进一步提高，现代农业体系初步构建，农业绿色发展全面推进；农村一、二、三产业融合发展格局初步形成，乡村产业加快发展，农民收入水平进一步提高，脱贫攻坚成果得到进一步巩固；农村基础设施条件持续改善，城乡统一的社会保障制度体系基本建立；农村人居环境显著改善，生态宜居的美丽乡村建设扎实推进；城乡融合发展体制机制初步建立，农村基本公共服务水平进一步提升；乡村优秀传统文化得以传承和发展，农民精神文化生活需求基本得到满足；以党组织为核心的农村基层组织建设明显加强，乡村治理能力进一步提升，现代乡村治理体系初步构建。探索形成一批各具特色的乡村振兴模式和经验，乡村振兴取得阶段性成果。到 2035 年，乡村振兴取得决定性进展，农业农村现代化基本实现。农业结构得到根本性改善，农民就业质量显著提高，相对贫困进一步缓解，共同富裕迈出坚实步伐；城乡基本公共服务均等化基本实现，城乡融合发展体制机制更加完善；乡风文明达到新高度，乡村治理体系更加完善；农村生态环境根本好转，生态宜居的美丽乡村基本实现。到 2050 年，乡村全面振兴，农业强、农村美、农民富全面实现。

实施乡村振兴战略，重点是构建乡村振兴新格局、加快农业现代化步伐、发展壮大乡村产业、建设生态宜居的美丽乡村、繁荣发展乡村文化、健全现代乡村治理体系、保障和改善农村民生、完善城乡融合发展政策体系。在构建乡村振兴新格局方面，坚持乡村振兴和新型城镇化双轮驱动，统筹城乡国土空间开发格局，强化空间用途管制，推进城乡统一规划，优化乡村生产生活生态空间，按照"集聚提升类、城郊融合类、特色保护类、搬迁撤并类"四类推进乡村振兴，打造各具特色的现代版"富春山居图"。在加快农业现代化步伐方面，坚持质量兴农、品牌强农，深化农业供给侧结构性改革，构建现代农业产业体系、生产体系、经营体系，推动农业发展质量变革、效率变革、动力变革，持续提高农业创新力、竞争力和全要素生产率。在发展壮大乡村产业方面，坚持以完善利益联结机制为核心，以制度、技术和商业模式创新为动力，推进农村一、二、三产业交叉融合，加快发展根植于农业农村、由当地农民主办、彰显地域特色和乡村价值的产业体系，推动乡村产业全面振兴。在建设生态宜居的美丽乡村方面，牢固树立和践行"绿水青山就是金山银山"的理念，坚持尊重自然、顺应自然、保护自然，统筹山水林田湖草系统治理，强化资源保护与节约利用，加快转变生产生活方式，推动乡村生态振兴。在完善城乡融合发展政策体系方面，坚持顺应城乡融合发展趋势，重塑城乡关系，更好地激发农村内部发展活力、优化农村外部发展环境，推动人才、土地、资本等要素双向流动，为乡村振兴注入新动能。

2.2　城乡关系发展回顾

（1）城乡开放互动阶段：1949—1952 年。新中国成立后，我们党面临的首要任务就是如何在满目疮痍且积贫积弱的经济社会基础上快速地恢复和发展生产力。通过农村地区土地改革，到 1952 年底基本实行了"耕者有其田"的土地平均分配制度。中央政府采取了在经济上允许多种经济成分并存的政策，允许富农经济存在，允许农村土地、劳动力、资本等生产要素自由流动，城乡私营工商业可以自由发展。有数据显示，1950—1952年全国约有 1500 万人由农村迁往城市，城镇人口占总人口比例由 1949 年的 10.6% 上升至 1952 年的 12.5%。在这一时期，城乡之间要素流动较为顺畅、自由，城乡之间处于开放互动状态。

（2）城乡分割阶段：1953—1978 年。1953 年，我国实行了以重工业优先发展的国民经济第一个五年发展计划（简称"一五计划"）。尽管 1954 年到 1956 年为适应工业发展对劳动力的急剧增长需求，出现大量农村人口向城市转移的现象，但面对为重工业优先发展国家战略相配套的统购统销粮食制度和城乡分割的户籍制度，国家不得不出台一系列禁止农村人口自由流往城市的政策，特别是 1958 年全国人大常委会通过的《中华人民共和国户口登记条例》，以法律形式将限制农民向城市自由迁徙固定化，从此承载着特定政治功能的城乡二元户籍制度基本形成。城乡二元户籍制度为粮食统购统销制度、就业制度、医疗保险制度、教育制度等城镇居民享有的福利政策体系提供了制度保障。在农村，农民被"一大二公"政社合一的人民公社体制束缚在农村区域和农业生产之中。无论是统购统销的粮食制度，还是城乡二元户籍制度，以及人民公社制度，都是为了汲取农业剩余适应特定时期我国重工业优先发展所需原始资本积累的战略需要。在城乡分割阶段，城乡之间是两个固化的独立个体，城市"理所当然"地享受着国家宏观政策偏向所附加的利益体系，城乡之间交流体制机制被以制度化的形式切断，这也为后期我国城乡之间发展失衡、农村地区普遍贫困及发展活力缺失埋下伏笔。

（3）城乡要素单向流动阶段：1979—2002 年。1978 年 12 月 18 日党的十一届三中全会的召开标志着我们党工作重心开始向经济建设转移，改革开放的历史性决策意味着中国城市经济时代的来临。为消除计划经济体制的弊端，改革将从国民经济发展最薄弱的"瓶颈"部门——农业部门作为突破口。安徽省凤阳县小岗村率先实行的"家庭联产承包责任制"拉开了农村经济体制改革的序幕，农村基本经营制度初步确立。农村家庭联产承包责任制的核心是把农民从对人民公社组织的人身依附关系中彻底解放出来，使农民获得支配自身劳动的自由。1984 年党的十二届三中全会通过的《中共中央关于加强市场经济体制改革的决定》，使党的经济体制改革重心实现由农村向城市转移。随着户籍制度的调整和土地要素、资金要素的市场取向改革，大量农村剩余劳动力、资本、土地等要素单向的流向城市，工业化、城镇化所需资本原始积累被以价格剪刀差的形式向农业农村农民转移，以重城轻乡为主导理念的城市优先发展偏向一直持续到了 2002 年，随之而来的是城乡居民在收入分配、公共服务、医疗卫生等方面享有的权利差距不断扩大，城乡居民收入之比从 1985 年的 1.86∶1 扩大至 2002 年的 3.11∶1。城乡要素的单向流动既有主观认识的偏差，也与我国城镇化、工业化发展所需资本原始积累的客观原因密不可分。在城乡要素单向流动阶段，农村对城市的支持方式发生了很大的变化，通过直接和间接的农业剩余来支持工业化和城市化的比重越来越低，而通过提供农民的廉价劳动力和资金、土地等乡村资源来支持城市化则成为主体。

　　（4）城乡统筹协调发展阶段：2003—2017 年。2002 年党的十六大提出的统筹城乡经济社会发展理念是对我国城乡关系的重新认识与构造。城乡关系从过去长期实行的农业支持工业、乡村支持城市调整为工业反哺农业、城市带动乡村，这是后工业化时代的必然政策趋势。统筹城乡发展的基本思路就是把城市和农村结合起来，通盘考虑，统一筹划，借助工业的带动和城市的辐射作用，消除城乡二元结构，实现城乡互动共融。从 2003 年到 2007 年，中央财政用于"三农"的资金投入累积达到 1.56 万亿元，相当于前 10 年的总和。以胡锦涛同志为核心的党中央提出的科学发展观将统筹城乡发展放在"五个统筹"的首要位置，足见以二元结构为特征的城乡关系已成为影响我国经济社会发展全面性、协调性和可持续性的重要因素。

　　城乡统筹发展是我们党将产业、资源配置、收入分配、发展体制机制等要素综合纳入城乡关系的视角考量而进行的理论创新与实践探索。党的十六届五中全会提出了建设社会主义新农村的战略目标，从农村产业结构调整、农村政治、农村文明、农村社会等多维度建设，最终实现构建经济繁荣、设施完善、环境优美、文明和谐的社会主义新农村的目标。党的十七大再次突出农业的基础地位，提出走中国特色农业现代化道路，建立以工促农、以城带乡长效机制，形成经济社会发展一体化新格局。从 2004 年到 2017 年中共中央连续十几年发布了聚焦"三农"问题的"一号文件"，涉及农村税费改革、农村金融体制改革、农村土地制度改革、农村基础设施建设和公共服务、农业现代化、农业供给侧结构性改革等方面。城乡统筹发展的政策导向在我国城乡关系史上是具有转折意义的关键节点，城乡之间在收入分配差距缩小、公共服务均等化、产业布局合理化等方面取得了显著成效，但是，由于城乡二元经济社会结构并未有实质性的突破，城乡二元格局依然存在，甚至伴随着城镇化的发展出现了城镇内部"二元结构"现象。

（5）城乡融合发展阶段：2017 年至今。坚持以人民为中心的发展思想成为我们党"三农"工作的逻辑起点。党的十九大报告指出，要大力实施乡村振兴战略，构建城乡融合发展的政策体系，加快推进农业农村现代化，乡村振兴战略将农业农村优先发展置于更加突出的地位。乡村振兴战略是在我国社会主要矛盾发生转变和农业供给侧结构性改革背景下提出的，具有鲜明的时代特征。从党的十六大的"统筹城乡经济社会发展"到党的十九大首次提出"城乡融合发展"政策导向的演变反映了我们党对加快形成新型工农城乡关系的认识逐步深化，也顺应了新时代工农城乡关系演变的新特征新趋势，这与坚持农业农村优先发展的战略导向是一脉相承、互补共促的。城乡统筹发展的基本政策取向还是以城带乡，城市与乡村之间处于主动与被动关系，由于城市对各种资源具有天然的集聚效应，城乡之间发展不平衡不充分的基本格局依然没有实质性改变。城乡融合发展的根本途径是以全面深化改革为载体，促进城乡之间要素的自由平等流动，构筑具有中国特色的乡村振兴道路。乡村振兴战略究其时代特质是从城乡融合发展的角度对新时代我国城乡关系的再造与重塑，对新时代构建新型城乡关系、从根源上缩小城乡差距具有里程碑的意义。

2.3　农村金融理论回顾

2.3.1　农业信贷补贴理论

农业信贷补贴理论也称为农业融资论，是农村金融发展的一种旧的理论范式，在 20 世纪 80 年代之前，其处于主导地位的农村金融理论，其基本的假设前提是金融机构数量严重不足、农户没有储蓄意愿、信贷组织管理服务不健全等诸多问题（Besley，2001）。为了更好地服务于农村经济，减少农村贫困人口，国家需要专门的政策以及款项来缓解农村金融压力，同时，还要有效整合非正式的农村金融机构。

农业信贷补贴理论诞生时，当时的农村生产力较低，农民一般不具备储蓄能力，因此，发展中国家在农业上的投资相对不足，对农村的扶持力度不够大。农村金融发展面临的困难在任何国家发展初期都存在相似的问题，农业生产周期长，效益低，风险大。因此，国家只能通过强制的手段措施将资金注入农村金融市场，并通过实施特殊的保护农村的金融手段维护资金流的稳定流转。信贷论认为，通过对农村金融组织的资金补贴来弥补初期低利率的放贷增加对农村经济发展的扶持。这种扶持可以打破固有的农村高利贷现象，同时因为补贴的存在可以引导商业银行将经营目光转移一部分到农村中成立新式的与农村经济结合的一个有助于服务农村金融的组织。20 世纪末，经历了经济大萧条的国家通过这一政策有效地推动了农村经济的恢复，提升了农村人口的效用。

但是，单靠政府补充资金，出台维持新政策是无法持续的。这种宏观干预的手段虽然能在初期农村的经济建设中起到一定的效果，但是也存在很大的负面效应。具体表现为：一是市场作用被强制改变。市场本身具有平衡交易活动的职能，原本存在的农村金融机构可以通过市场机制调节供给需求，但是通过政府的调整导致农村金融机构失去了原有意义和储蓄能力。政府长期的低利率的补贴资金政策会使农村人口认为借贷资金本就该低利率的存在，在这个预期下，使人们在依赖政府补贴的同时降低自身的努力行为。缺少驱动的农村人口并不能将这股政府注入的资金链长期持有，一旦政府的补助减少或者停止，资金的外流就是必然的，这种不能被长期持有的资金链可以说是一个虚假的可持续繁荣。二是理想与现实存在巨大差距。政策理论上将注入的资金提供给低收入群体，但资金对于用主本身也是具有选择性的。Ruttan（1986）通过大量欧洲数据研究发现大多数发展中国家的资金并没有像想象的一样借贷给贫困人口，资金本身的规模效应使其聚集在较为贫困的极少数富农中，他们在农村金融资金的借贷中获得了丰厚的利润，使农村信贷论在广大农村地区也未能体现出资金流通可以改善人民生活的特性。国家将资金流通引向农村以后，农村金融机构更倾向于对那些体量大、信誉好的大农户进行贷款。这就违背了农村金融机构设立时要减少农村贫困人口的初衷和目的。三是在资金的回笼过程中也存在巨大的问题。Avishay Braveman 和 Monika Huppi（1991）认为，发展中国家除了经济发展的不完善，还包括法律制度的不健全。不健全的法制最终会导致没有完善的监督以及还款制度。对于农村金融机构而言，他们对农户的还款能力的不信任以及对农户还款能力的认知，会加大不良贷款的比例，长此以往会对农村金融体系产生破坏。四是关于农村金融可持续发展的讨论。信贷论的产生基于国家制度的偏向，以及资金的非正常流向，这种理论是让资金流向一个巨大且无效的金融机构，虽说在初期有着一定的效果，但是长久来看是必然会被历史所遗弃。

2.3.2　农村金融市场论

（1）农村金融市场的需求理论。农村金融市场也存在供给、需求和平衡。其中，需要主要包括三个层面：首先，从产业层面上来说，农业是我国经济发展的基础，农村金融需求存在的季节性的特征与农业生产本身所存在的季节性特征是紧密联系在一起的。农业受到自然灾害的影响是比较大的，因此，农业信贷的风险也比较高，需要不断完善农村金融机构的服务创新能力，提升风险的防控能力。但是，农村金融的贷款利率又不能过高，否则不利于农村经济发展，这种情况下又会增加贷款收回难度。另外，农村生产要素也会对农村金融的需求产生一定的影响，比如，农业生产技术、农村人力资本、农民土地等，都会对农村金融需求产生不同程度的影响。其次，从市场层面来看，金融市场的交易成本对于正规金融机构的商业贷款来说具有重要的价值和意义，但是对非正规金融机构来说，更多是通过人脉关系、关联交易等来降低交易成本。Claudio（2003）提出，通过改善农村地区的教育、基础设施等能够在一定程度上降低农村金融的交易成本，从而提升农民对农村金融的需求。最后，从制度层面来看，农村金融融资需求受到了抑制，主要原因在于：农民家庭长期的消费观念导致农村地区的货币化程度不高，对资金的需求量也不高。

（2）农村金融市场的供给理论。首先，农村金融产业存在弱质性。与其他产业的金融支持体系相比，农村金融产业支持存在弱质性，尤其是在二元经济结构下，农村金融体系显得更加薄弱。农村金融机构为了能够给农户提供更多的金融服务，需要较大的"拓荒"成本。其次，农村金融存在信息不对称。农村金融市场的信息具有严重的不对称性，农村金融机构在放贷之前并不了解农户的风险特征和风险概率，对某一个项目只能执行单一利率，很难有效地分散风险。对于低风险客户来说，支付了较高的利率会导致收益出现下降，而对于高风险客户来说，支付了较低的利率而实现收益的增加，这种情况会进一步推动农村金融信息不对称下的逆向选择。最后，农村金融存在一定的道德风险。由于信息不对称，也会导致农村金融的道德风险，也就是说，农户可能由于种种原因无法按时偿还贷款，导致金融机构回收资金较慢，引发金融机构的损失。如果存在"激励相容"效应，一定程度上可以缓解由于信息不对称所引发的道德风险问题。在农村金融市场上，农户能够抵押的物品较少，如果出现了违约，兑换抵押物也较为困难。在这种情况下，农村金融机构的贷后成本较高，会导致信贷供给的降低。

（3）农村金融市场的均衡理论。农村金融市场的供求要想实现平衡，需要满足一定的条件，影响因素主要包括：首先是利率因素，利率既会影响农村金融市场，也会影响农村信贷需求，许多发展中国家都一定程度上存在"金融抑制"现象，尤其对正规金融机构来说，受到的影响更大，对农村信贷资金的均衡会产生较大影响。其次是补贴因素，政府提供信贷补贴后，信贷利率出现了下降，信贷需求量增加，更多需要借贷的农民获得了信贷资金。最后是垄断因素，农村金融市场的垄断性较强，这是由农村制度、农村市场自身以及农村经济等多种原因引起的，农村金融的垄断性决定了农村金融市场供给与需求的失衡，进而造成了整个社会的福利损失。

2.3.3　不完全竞争市场理论

不完全竞争市场论可以说是市场论调的一个延伸，这个延伸是在面临新的经济环境的背景下出现的。20世纪末，世界上诸多国家都面临着前所未有的经济危机。经济危机可以说是市场上自发产生的。市场变化本身就有一个浮动的过程，随着市场经济低谷高潮的更迭，在20世纪末的危机中使人们都发现了市场本身自己的局限性，这个局限性是其市场本身自有的，不容忽视的。这个局限带来的危机使本就脆弱的农村金融更加支离破碎。人们在实践中才逐渐认识到人为干预市场行为是理智且必需的。这就是市场论逐渐被不完全的竞争市场论所慢慢取代的根本原因。与此同时，诸多经济学家为了分析此次危机，分别从不同的角度出发解释其作用机理。其中较为著名的分析有斯蒂格利茨的实验。他结合了当时最新的数据运用信息工具来分析农村金融市场，通过诸多手段与方法，总结出导致农村市场机制失灵的原因：第一，信贷本身具有的外部效应的特性。农村金融机构本就脆弱而敏感，它的存在会无限放大这种外部效应；第二，农村的金融机构地处偏远，无法有效形成信息链。信息的不对称性在借贷过程中会造成巨大的能量差异，这种差异会增加系统风险，使帕累托竞争无效；第三，市场机制不完善。农村毕竟不是经济建设的核心区域，虽说在整体经济建设中农村经济有着不可或缺的作用，但大头还是在城市。城市的经济管理法则的制定还存在诸多需要讨论的地方，更不要说监督管理更加薄弱的农村地区。综上所述，诸多因素的综合作用使农村市场机制失灵。因为农村地区的信用监管制度的不健全不完善，所以信息不对称的效果加剧。为了从根本上克服这种市场不健全，Gale（1987）认为只有政府的参与才可以用最少的投入产出最大的效果。

2.4 农村金融发展回顾

（1）农村金融体系重构阶段：1979—1992 年。农村金融改革的初期主要是通过建立多元化的农村金融体系，以此来带动整个农村经济的发展。1979 年，为加强支农资金的管理，更好地发展农业生产及四个服务现代化，国务院发布《关于恢复中国农业银行的通知》，国家开始关注农村金融体系的建设。当时，中国农业银行是促进农业发展的主要银行，同时具有商业银行和政府银行的双重属性。随着人民公社的解体，农村信用合作社逐步承担了农村金融的部分作用。在当时的体制机制下，农村信用社在业务上受农业银行的领导与管理，但并不属于农业银行。因此，农信社以一种特殊的形式存在于农村基层并办理农村金融业务，国务院通过农业银行对农村信用社的各项业务进行了大力支持。随着我国经济重心逐步由农村转向城市，城市化、工业化的发展对传统金融模式产生了冲击，新的金融服务模式逐渐兴起。在这个阶段，我国实施家庭联产承包责任制，这一时期既是农村经济转型的重要时刻，也是农村金融改革的初级阶段。这一阶段是农村经济与农村金融均高速发展的时期，农村工业化进程也在此带动下不断加速，农村金融业务也得到了一定程度的发展。但在当时农村金融体制不完善、监管无法兼顾的情况下，极易产生金融风险，一定程度上影响了农村金融的健康发展。

（2）现代农村金融组织体系基本形成阶段：1993—2002 年。在改革开放的推动下，我国经济社会环境有了新的变化，农村金融改革在摸索中前进，形成了很多有益经验。在这一阶段逐步形成了农村政策性、商业性和合作性金融"三足鼎立"的局面。1994 年初，中国农业发展银行成立，承担原先属于农业银行的政策性金融业务，属于政策性银行，而农业银行变身为国有性质的商业性银行。1996 年 8 月，国务院出台关于农村金融体制改革的决定，其中明确提出农村信用社要脱离农业银行的管理。农村信用社逐步转变为"农民入股和社会民主管理，主要是为会员服务的合作金融组织"。受到 1997 年亚洲金融危机的影响，国有商业银行的基层金融机构网点大量合并收缩，截至 2001 年底，撤并的农村金融机构接近 4 万个。在此期间，农村信用合作社发展成为农村信贷业务的中坚力量，快速地向商业化的模式转变。在此阶段，现代农村金融以合作金融为基础、政策性金融和商业性金融相互协作的体系基本形成。

（3）现代农村金融制度构建探索阶段：2003—2012 年。国家进一步深化农村信用社的改革，改善农村金融服务。2003 年出台《深化农村信用社改革试点方案》，试点地区由最初的 8 个省（区、市）扩展到了 21 个省（区、市），改革主要集中于产权关系和管理体制与经营机制。通过这次改革，明确了农村信用社的产权关系，法人治理结构得到了极大的完善；另外，地方政府负责农村信用社的管理，并成立了农村信用社省（区、市）级联社。农村信用社的监管主要由 2003 年成立的银监会负责。2006 年和 2007 年，中国银监会陆续发布了一系列的政策文件和管理办法，主要是对农村银行业金融机构的准入政策实行了调整，准入条件适当放宽，从原来的甘肃、青海、内蒙古等 6 个省（区、市）扩展到了全国 31 个省（区、市）覆盖率低、资金供应低、竞争不足的县（市）及县（市）以下地区。新型农村金融机构逐步建立并发展起来，农村金融发展进入新阶段。

（4）农村金融制度改革创新深化阶段：2013 年至今。党的十八大提出了"全面建成小康社会"的目标，而农村建设是全面建成小康社会的一个重要方面。农村金融对农业生产、农民收入提升以及农村经济发展起到了支持和保障作用。国家始终都对"三农"工作给予了高度重视，把解决"三农"问题看作国家经济工作当中一个非常重要的方面，2013 年以来，国家发布的一号文件中都会对农村金融制度创新、体制改革等方面提出具体要求，推动农村金融更好地满足日益增长的需求。另外，国家也在积极地推动普惠金融的发展。2015 年政府工作报告中明确提出：要大力发展普惠金融，让所有市场主体都能分享金融服务的雨露甘霖。同年年底，出台《推进普惠金融发展规划》，明确界定了普惠金融的概念，并提出"鼓励金融机构创新产品和服务方式，提升金融机构科技运用水平"。2018 年出台《乡村振兴战略规划（2018—2022 年）》，提出要不断加强金融支持"三农"的力度，建立健全适合农村实际情况的农村金融体系，把金融资源配置到农村经济发展的薄弱环节和重点领域，加强金融服务的创新，满足日益多样化的农村金融需求。中国人民银行联合其他四部委于 2019 年 2 月发布《关于金融服务乡村振兴的指导意见》，指出要加大商业银行对乡村振兴支持力度，把更多金融资源配置到"三农"重点领域和薄弱环节中。在这段时期内，我国普惠金融、农村金融发展与创新以及金融扶贫等都获得了快速的发展，并且取得了较好的成绩。

第3章 金融服务乡村振兴：
基于城乡人口迁移视角

3.1 城乡人口迁移及其金融问题研究综述

国外学者对劳动力流动和城乡经济关系的研究起步较早。William（1672）和 Ravenstein（1876）分别从经济学和人口学的角度最早研究了劳动力流动的原因。在现代经济学中，最著名的人口迁移理论有"二元经济发展"模型（Lewis，1954；Jorgenson，1961）、"拉尼斯—费景汉"模型（Ranis and Fei，1961）和托达罗模型（Todaro，1969），此外还有成本—收益模型（Sjaastad，1962）、"推力—拉力"理论（Bague，1969）、人力资本迁移理论（Mincer，1974；Becker and Tomes，1986）、自我选择模型（Borjas，1987）、劳动力迁移家庭决定理论（Stark，1985）等。这些理论都是根据区际"工资"或者"收入"差异来解释劳动力迁移决策的，为分析劳动力迁移问题提供了宝贵借鉴。新经济地理学在不完全竞争和规模报酬递增的前提下，用规范的数学模型分析了本地市场效应、生活成本效应、市场拥挤效应等相互作用所决定的要素和产业空间集群动态过程，为分析人口流动提供了新思路。目前，国外发展较为成熟的新经济地理学模型可以分为两类：第一类是基于"经济关联"的模型，主要包括核心—边缘模型（Krugman，1979；Krugman and Venables，1995；Fujita，Krugman and Venables，1999）、自由资本模型（Martin and Rogers，1995；Robert and Nicoud，2002）、自由企业家模型（Forslid，1999；Ottaviano，2001；

22

Ottaviano, Tabuchi and Thisse, 2002；Ottaviano and Forslid, 2003），资本创造模型（Baldwin, 1999），全局溢出模型（Martin and Ottaviano, 1999），局部溢出模型（Baldwin, Martin and Ottaviano, 2001）等。第二类是基于"知识关联"的模型，最有代表性的是知识创新与扩散模型（Fujita and Thisse, 2003；Berliant, Reed and Wang, 2006；Berliant and Fujita, 2008），代表了新经济地理学未来的发展方向。

国内学者基于新经济地理学框架也对要素流动特别是劳动力转移问题进行了广泛的研究。曹骥赟（2007）在假设知识空间溢出与区际市场开放度紧密关联的基础上，构建了知识溢出双增长模型，探讨了区际市场开放度变化引起的经济活动区位变动，以及经济活动区位变动引起的经济内生增长。许召元、李善同（2008）在新经济地理学的框架下，通过引入资本的外部性、劳动力的不完全流动性以及城市经济学中的拥挤效应，建立了两区域经济增长模型，证明了由于存在资本追逐劳动的现象，区域间的劳动力迁移可能缩小也可能扩大地区差距。张杰飞、李国平、柳思维（2009）在 Harris – Todaro 模型与新经济地理模型的基础上，建立了劳动者内生转移模型，认为消费结构升级导致其与劳动者资源禀赋结构之间的张力不断上升，从而驱动农业劳动者向工业部门转移。杨忠直、姚林如、李莉（2010）在 Hu – Dapeng 模型与新经济地理学模型的基础上，构建了劳动力跨区转移模型，仿真结果表明，若考虑劳动力跨地区转移的摩擦时，随着劳动力跨地区转移率的提高，产业集聚效应和地区差距均可能会出现增大的趋势。安虎森、颜银根、朴银哲（2011）在新经济地理学 Pfluger 模型中加入房屋部门，构建了两地区、三部门和两种劳动力的空间均衡模型，同时考察了非技能劳动力的异质性移民行为，并发现城市地区高房价与户籍制度具有"门槛效应"，从而导致中国劳动力流动与收入差距扩大悖论的形成。此外，我国学者也从不同的角度对城乡收入差距的影响因素进行了大量研究，如经济发展水平（罗楚亮，2012）、经济开放程度（曾国平和王韧，2006）、金融发展水平（姚耀军，2005；冉光和等，2009；孙永强和万玉琳，2011；王征和鲁钊阳，2011）、要素积累差异（郭剑雄和吴佩，2006；侯风云等，2009；韩其恒和李俊青，2011）、城市发展水平（丁志国等，2009；程开明，2011）、城市偏向政策（蔡昉，2003；林毅夫和刘明兴，2003；陆铭和陈钊，2004；陈斌开等，2010）等。在劳动力流动和区域发展的关系方面，王伟同（2011）实证研究发现，我国的城镇化道路固化了原有的城乡二元公共服务体制下的差异化福利分配结构，无益于社会福利水平的提高。王雅莉、崔敬（2012）实证研究发现，城镇人均财政支出增长快于城镇居民家庭人均消费性支出增长，但其引发的城市地区社会福利效应却小于城镇居民家庭人均消费性支出增长。樊纲（1995），姚枝仲、周素芳（2003），王小鲁、樊纲（2004），林毅夫、王格玮、赵耀辉（2004），蔡昉（2005），范剑勇、谢强强（2010）等认为区域间劳动力迁移有助于缩小地区差距。在城市化与城乡收入差距的关系方面，一部分学者认为我国的城市化导致城乡收入差距进一步拉大（林毅夫等，1994；蔡昉等，2000；程开明和李金昌，2007；陈迅和童华建，2007；许秀川和王钊，2008；周云波，2009）。同时，一些学者认为城市化能够缩小我国城乡收入差距（陆铭和陈钊，2004；姚耀军，2005；余静文，2013；杨志海，2013）。

关于劳动力迁移的研究大多是基于传统理论中的收入差距假说进行的，且主要集中在劳动力流动与地区差距的相互影响方面，迄今为止还没有得出一致的结论。其实，劳动者迁移引起的地区差距变化只是表面现象，其内在机理在于区际宏观经济变量与劳动者迁移之间的循环因果积累关系。劳动者迁移不仅影响两个地区的劳动投入、工资收入，还会影响物价指数生活成本、消费支出、劳动者福利等系列宏观经济变量，反过来又影响劳动者迁移行为，从而形成循环因果积累关系。但是，当前的研究还没有深入到劳动者迁移与城镇化格局之间的这种内在机制。此外，国外相关研究大多着眼于二元经济结构转换等方面的单个问题，缺乏从空间动态均衡角度系统研究要素流动与城乡发展的成果，且国外相关研究的地域和样本与我国统筹城乡发展的基本国情和战略目标本身差异较大。国内相关研究主要集中于统筹城乡发展的概念、内容、目标、模式、经验等方面的归纳演绎和定性研究，除少数工业反哺农业的数理研究外，特别欠缺对城乡二元经济进行数值模拟研究的成果。

3.2　金融助推城乡人口迁移的理论分析

基于 Berliant 和 Fujita 知识创新与扩散模型，扩展构建了包含三个部门（传统产业部门、现代产业部门和金融供给部门）和四种要素（传统技术型劳动者、现代资本型劳动者和生产资本、货币资本）的城乡二元经济结构空间动态均衡模型，对金融深化、劳动者迁移与城镇化格局之间的关系进行了理论分析和数值模拟。新经济地理学把主流经济学长期忽视的空间因素纳入一般均衡理论分析框架中，已经成为最具前景的经济学研究领域之一。克鲁格曼（1991）创立了核心—边缘模型，并因此获得 2008 年诺贝尔经济学奖。此后自由资本模型、资本创造模型、企业家模型、全域溢出模型、知识溢出双增长模型等类似模型纷纷建立，深刻揭示了现实经济中普遍存在"市场接近效应""生活成本效应""市场拥挤效应"以及与之相关的循环因果、突发聚集、区位黏性等经济活动空间演化机制，并通过这种规律和机制来探讨对区域经济增长、经济效率以及社会福利、社会公平的影响。

3.2.1　基本模型

我们把城乡经济系统分成两个地区（城市地区和农村地区），每个地区拥有三个部门（传统产业部门、现代产业部门和金融供给部门）和四种要素（传统技术型劳动者、现代资本型劳动者和生产资本、货币资本）。

（1）微观主体最优化决策行为

消费者决策行为。所有消费者具有相同的消费偏好，同时消费传统产品和现代产品。代表性消费者都具有双重效用：第一层效用是消费者把总支出按不同比例支付在传统产品和现代产品时获取的效用，其效用函数为柯布—道格拉斯型效用函数。第二层效用是消费者消费差异化的现代产品时获取的效用，其效用函数为不变替代弹性（CES）效用函数。这样，代表性消费者的消费函数可以写成如式（3-1）所示：

$$u(C_M,C_A) = C_M^\mu C_A^{1-\mu}, C_M = \left[\int_0^n c_i^{(\sigma-1)/\sigma}di\right]^{\sigma/(\sigma-1)}, 0 < \mu < 1, \sigma > 1$$

$$(3-1)$$

其中，C_A、C_M 分别为传统产品和现代产品的消费数量；$1-\mu$、μ 分别为传统产品和现代产品的支出份额；n 为现代产品的种类数量；c_i 为第 i 种产品的消费数量；σ 表示任意两种现代产品之间的替代弹性。

如果用 P_A、P_M 分别表示传统产品和现代产品的价格指数，p_i 为第 i 种现代产品的价格，ε 为消费者的总支出水平，则消费者效用最大化问题的约束条件为式（3-2）：

$$P_M C_M + P_A C_A = \varepsilon \qquad (3-2)$$

由最优化条件求解可得，传统产品和现代产品的最优消费数量为式（3-3）：

$$C_A = (1-\mu)\varepsilon/P_A, C_M = \mu\varepsilon/P_M, c_i = \mu\varepsilon p_i^{-\sigma} P_M^{\sigma-1} \qquad (3-3)$$

代表性消费者的跨期效用和预算约束为式（3-4）：

$$U(0) = \int_0^\infty e^{-\gamma t}\ln u(t)\,dt, \int_0^\infty e^{-\bar{v}(t)t}\varepsilon(t)\,dt = A_j(0) + W_j(0), 0 < \gamma < 1$$

$$(3-4)$$

其中，$A_j(0)$ 为消费者初始资产价值；$W_j(0)$ 为消费者未来收入价值；$v(t)$ 为资本市场在时刻 t 的利率水平，$\bar{v}(t)$ 为时刻 0 到时刻 t 之间的平均利率；γ 为消费者的效用贴现率。资本市场均衡时，利率水平等于效用贴现率，即 $v(t) = \gamma$。由最优化条件求解可得，消费者时刻 t 的最优支出为 $\varepsilon(t) = \gamma[A_j(0) + W_j(0)]$。

因此，消费者效用最大化时的效用函数可以写成如式（3-5）所示：

$$u(t) = \mu^\mu (1-\mu)^{1-\mu}\gamma[A_j(0) + W_j(0)][P_M(t)]^{-\mu}[P_A(t)]^{-(1-\mu)}$$

$$(3-5)$$

生产者决策行为。传统产业部门符合瓦尔拉斯框架，完全竞争，规模收益不变。传统产业部门以传统技术性劳动力为投入要素，生产同质的传统产品。因此，传统产品实行边际成本定价，即 $P_A = a_A w_{AL}$。其中，a_A 为生产每单位传统产品所需的传统技术性劳动力投入量，w_{AL} 为传统产业部门的传统技术型劳动者工资。为便于研究，将 a_A 和 w_{AL} 标准化为 1，则传统产品价格为 $P_A = 1$。

现代产业部门符合迪克希特—斯蒂格利茨框架，垄断竞争，规模收益递增。现代产业部门以生产资本作为固定投入，以传统技术性劳动力为变动投入，生产差异化现代产品，不存在范围经济和协作经济。每个生产者规模较小，彼此之间不存在策略性共谋行为，对现代产品价格指数的影响可以忽略不计。每个生产者在各自的生产领域都具有垄断地位，面对不变弹性的需求曲线。由最优化条件求解可得，代表性生产者利润最大化时，现代产品的最优定价为 $p_i = \dfrac{\sigma}{\sigma - 1}$。

金融供给部门生产货币资本，并通过借贷关系，转化为现代产业部门差异化和永久性的生产资本。现代产业部门完全竞争，每种现代产品的生产均不存在进入壁垒，若潜在的进入者制定比现有企业更低的价格就可以夺取全部市场，从而使均衡时现代产品生产企业的利润为零。因而，生产资本收益率为 $r_K = \dfrac{x_i}{\sigma - 1}$。

（2）城乡各部门的价格与产量

传统产品价格与产量。假设传统产品区内交易和区际交易均不存在交易成本，则传统产品在城市地区和农村地区销售价格相同，即 $P_{AR} = P_{AS} = 1$。进而，当传统产品供需均衡时，整个经济系统的传统产品产量为 $X_A = (1 - \mu)E$。

现代产品价格与产量。假设现代产品区内交易不存在交易成本，但区际交易存在交易成本。现代产品区际交易成本采用萨缪尔森的冰山成本，即如果要在区外市场出售 1 单位产品，必须在生产地发运 τ 单位产品（$\tau \geqslant$ 1），也就是说，$\tau - 1$ 单位的产品在运输过程中"融化"了。τ 越接近于 1，区际交易成本就越小。这种交易成本是指广义的交易成本，不但包括运输过程中支付的实际费用，而且包括区域间贸易障碍所引起的各种成本和损失。如果生产者对在区内和区外销售的产品实行统一的出厂价格，那么为补偿运输过程中产生的交易成本损失，在区外应收取相当于区内销售价格τ倍的价格。定义$\phi \equiv \tau^{-(\sigma-1)}$为现代产品的跨区贸易自由度，$s_{NR}$、$s_{NS}$分别为城市地区和农村地区的现代产品种类份额，$s_{ER}$、$s_{ES}$分别为城市地区和农村地区消费支出份额，则城市地区和农村地区现代产品价格指数分别为：

$$P_{MR} = \frac{\sigma}{\sigma - 1}\left(ns_{NR} + \phi ns_{NS}\right)^{-1/(\sigma-1)}, P_{MS} = \frac{\sigma}{\sigma - 1}\left(ns_{NS} + \phi ns_{NR}\right)^{-1/(\sigma-1)}$$

城市地区和农村地区的现代产品产量分别为：

$$x_{MR} = \frac{\mu(\sigma - 1)E}{\sigma n}\left[\frac{s_{ER}}{s_{NR} + \phi s_{NS}} + \frac{\phi s_{ES}}{s_{NS} + \phi s_{NR}}\right], \qquad (3-6A)$$

$$x_{MS} = \frac{\mu(\sigma - 1)E}{\sigma n}\left[\frac{s_{ES}}{s_{NS} + \phi s_{NR}} + \frac{\phi s_{ER}}{s_{NR} + \phi s_{NS}}\right] \qquad (3-6B)$$

生产资本价格与产量。城市地区和农村地区的生产资本收益率分别为：

$$r_{KR} = \frac{\mu E}{\sigma n}\left[\frac{s_{ER}}{s_{NR} + \phi s_{NS}} + \frac{\phi s_{ES}}{s_{NS} + \phi s_{NR}}\right], \qquad (3-7A)$$

$$r_{KS} = \frac{\mu E}{\sigma n}\left[\frac{s_{ES}}{s_{NS} + \phi s_{NR}} + \frac{\phi s_{ER}}{s_{NR} + \phi s_{NS}}\right] \qquad (3-7B)$$

假设生产资本的价格为生产资本收益的资本化价值，则城市地区和农村地区的生产资本价格分别为：

$$p_{KR} = \frac{\mu E}{\gamma \sigma n}\left[\frac{s_{ER}}{s_{NR} + \phi s_{NS}} + \frac{\phi s_{ES}}{s_{NS} + \phi s_{NR}}\right], p_{KS} = \frac{\mu E}{\gamma \sigma n}\left[\frac{s_{ES}}{s_{NS} + \phi s_{NR}} + \frac{\phi s_{ER}}{s_{NR} + \phi s_{NS}}\right]$$

假设生产资本自由流动，则生产资本在收益最大化目标的驱动下不断由低收益地区流向高收益地区，均衡时城市地区和农村地区的生产资本收益率相等，此时其收益率和市场价格分别为：

$$r = \max(r_{KR}, r_{KS}) = \frac{\mu E}{\sigma n}, p_{KR} = p_{KS} = \frac{\mu E}{\sigma n[\gamma + g(\lambda)]}$$

由于每个现代产品企业只生产一种现代产品和生产每种现代产品都需要一定的生产资本投入，现存生产资本规模与现代产品企业规模相等。定义λ为城市地区拥有的现代资本型劳动者份额，ζ为生产资本创新效率

$(0 \leq \zeta \leq 1)$，η 为生产资本扩散强度 $(0 \leq \eta \leq 1)$，城市地区和农村地区的生产资本份额分别为：

$$k_R(\lambda) \equiv [\lambda + \eta(1-\lambda)]^{1/\zeta} \text{ 和 } k_S(\lambda) \equiv [(1-\lambda) + \eta\lambda]^{1/\zeta}$$

$$(3-8A)$$

生产资本存量分别为：

$$n_R(t) = n(t)k_R(\lambda), n_S(t) = n(t)k_S(\lambda) \qquad (3-8B)$$

生产资本增量分别为：

$$\dot{n}_R(t) = \lambda n(t)k_R(\lambda), \dot{n}_S(t) = (1-\lambda)n(t)k_S(\lambda)$$

整个经济系统的生产资本增长率为：

$$g(\lambda) \equiv \lambda k_R(\lambda) + (1-\lambda)k_S(\lambda)$$

生产资本增量和存量分别为：

$$\dot{n}(t) = n(t)g(\lambda), n(t) = n(0)e^{g(\lambda) \cdot t}$$

（3）城乡各部门的均衡工资率

由金融供给部门完全竞争假设可知，金融供给达到均衡时，现代资本型劳动者工资等于生产资本边际产量与生产资本价格的乘积，则城市地区和农村地区代表性现代资本型劳动者的均衡工资率分别为：

$$w_{HR}(t) \equiv nk_R(\lambda)p_{KR} = \frac{\mu Ek_R(\lambda)}{\sigma[\gamma + g(\lambda)]},$$

$$w_{HS}(t) \equiv nk_S(\lambda)p_{KS} = \frac{\mu Ek_S(\lambda)}{\sigma[\gamma + g(\lambda)]}$$

因而，城市地区和农村地区代表性现代资本型劳动者的工资收入贴现价值分别为：

$$W_{HR}(0) = \frac{\mu Ek_R(\lambda)}{\gamma\sigma[\gamma + g(\lambda)]}, \qquad (3-9A)$$

$$W_{HS}(0) = \frac{\mu Ek_S(\lambda)}{\gamma\sigma[\gamma + g(\lambda)]} \qquad (3-9B)$$

城市地区和农村地区代表性传统技术型劳动者的工资收入贴现价值分别为：

$$W_{LR}(0) = W_{LS}(0) = \frac{1}{\gamma} \qquad (3-10)$$

由生产资本自由流动假设可知，现代产品生产企业使用新资本进行生产前的初始资产价值等于所在区域新资本的市场价值。假设现代资本型劳动者为生产资本的所有者，则城市地区和农村地区现代资本型劳动者的初始资产价值为：

$$A_{HR}(0) = A_{HS}(0) = \frac{\mu E}{\sigma[\gamma + g(\lambda)]} \qquad (3-11)$$

3.2.2 均衡分析

定义 L 为劳动者总量，α 为现代资本型劳动者占全部劳动者的份额，则城乡经济系统达到短期均衡时，传统技术型劳动者市场出清方程为：

$$X_A + n_R x_{MR} + n_S x_{MS} = L(1-\alpha)$$

将式（2A）、式（2B）、式（4A）和式（4B）代入可得：

$$(1-\mu)E + \frac{\mu}{\sigma}(\sigma-1)E = L(1-\alpha)$$

求解可得，城乡经济系统的消费总支出和劳动者总量分别为：

$$E = \frac{\sigma(1-\alpha)}{\alpha(\sigma-\mu)}, L = \frac{1}{\alpha}$$

城市地区和农村地区的总支出方程分别为：

$$Es_{ER} = L(1-\alpha)\theta\gamma[A_{LR}(0) + W_{LR}(0)] + L\alpha\lambda\gamma[A_{HR}(0) + W_{HR}(0)]$$

$$Es_{ES} = L(1-\alpha)(1-\theta)\gamma[A_{LS}(0) + W_{LS}(0)] + L\alpha(1-\lambda)\gamma[A_{HS}(0) + W_{HS}(0)]$$

将式（5A）、式（5B）、式（6）和式（7）代入可得：

$$Es_{ER} = L(1-\alpha)\theta + L\alpha\lambda\frac{\mu[\gamma + k_R(\lambda)]}{\sigma[\gamma + g(\lambda)]}E,$$

$$Es_{ES} = L(1-\alpha)(1-\theta) + L\alpha(1-\lambda)\frac{\mu[\gamma + k_S(\lambda)]}{\sigma[\gamma + g(\lambda)]}E$$

求解可得，城市地区和农村地区的市场份额分别为：

$$s_{ER}(\theta,\lambda) = \frac{1}{2} + \frac{1-\alpha}{\alpha}\Big(\theta - \frac{1}{2}\Big) + \frac{\mu}{\sigma[\gamma + g(\lambda)]}$$

$$\Big[\Big(\lambda\frac{k_R(\lambda)}{g(\lambda)} - \frac{1}{2}\Big)g(\lambda) + \Big(\lambda - \frac{1}{2}\Big)\gamma\Big] \qquad (3-12A)$$

$$s_{ES}(\theta,\lambda) = \frac{1}{2} - \frac{1-\alpha}{\alpha}\Big(\theta - \frac{1}{2}\Big) - \frac{\mu}{\sigma[\gamma + g(\lambda)]}$$

$$\Big[\Big((1-\lambda)\frac{k_S(\lambda)}{g(\lambda)} - \frac{1}{2}\Big)g(\lambda) - \Big(\lambda - \frac{1}{2}\Big)\gamma\Big] (3-12B)$$

这两个方程分别刻画了城市地区和农村地区市场份额与劳动者空间分布之间的关系。从短期来看，对于任意给定的劳动者空间分布，由其决定的短期均衡必定位于该方程决定的三维曲面上。从长期来看，劳动者自由迁移引起短期均衡变动，始终沿着该方程决定的三维曲面运动，最终的长期均衡也必定位于该三维曲面上。特别地，$s_{ER}(0,0) = \dfrac{(2\alpha - 1)\sigma - \alpha\mu}{2\alpha\sigma}$，$s_{ER}\big(\dfrac{1}{2},\dfrac{1}{2}\big) = \dfrac{1}{2}$，$s_{ER}(1,1) = \dfrac{\sigma + \alpha\mu}{2\alpha\sigma}$。

由于生产资本自由流动，均衡时城市地区和农村地区的生产资本收益率相等，由式（3A）和式（3B）求解可得城市地区现代产品企业的份额为：

$$s_{NR} = \frac{1 + \phi}{1 - \phi}s_{ER} - \frac{\phi}{1 - \phi}$$

该方程刻画了现代产品企业在城市地区和农村地区之间的迁移行为。该方程的斜率随着贸易自由度的变化而变化，贸易自由度越大，该方程的斜率就越大。该方程的斜率总大于 1，因而意味着自变量市场份额的系数总大于 1，本地市场规模的变化会导致本地现代产品生产企业份额更大比例的变化，即本地市场放大效应。

结论 1：从短期来看，在生产资本自由流动和劳动力空间分布固定的情况下，城乡经济系统存在两种均衡状态：

（A）现代产品生产企业在城市地区和农村地区均有分布。当 $\phi < \dfrac{(2\alpha - 1)\sigma - \alpha\mu}{\sigma + \alpha\mu}$ 时，即城乡贸易自由度较低时，由 $\dfrac{\phi}{1 + \phi} < s_{ER}(0,0) <$

$s_{ER}(1,1) < \dfrac{1}{1+\phi}$ 可知，在任意的劳动者空间分布下，现代产品生产企业

在城市地区和农村地区均有分布。当 $\phi \geqslant \dfrac{(2\alpha-1)\sigma-\alpha\mu}{\sigma+\alpha\mu}$ 时，即城乡贸易

自由度较高时，由 $s_{ER}(0,0) \leqslant \dfrac{\phi}{1+\phi} < \dfrac{1}{1+\phi} \leqslant s_{ER}(1,1)$ 可知，在劳动者

空间分布 $\left\{(\theta,\lambda)\,\middle|\,\dfrac{\phi}{1+\phi} < s_{ER}(\theta,\lambda) < \dfrac{1}{1+\phi}\right\}$ 下，现代产品生产企业在

城市地区和农村地区也是均有分布。

（B）现代产品生产企业在城市地区或农村地区单边聚集。当 $\phi \geqslant$

$\dfrac{(2\alpha-1)\sigma-\alpha\mu}{\sigma+\alpha\mu}$ 时，即城乡贸易自由度较高时，由 $s_{ER}(0,0) \leqslant \dfrac{\phi}{1+\phi} <$

$\dfrac{1}{1+\phi} \leqslant s_{ER}(1,1)$ 可知，在劳动者空间分布 $\left\{(\theta,\lambda)\,|\,s_{ER}(\theta,\lambda) \leqslant \dfrac{\phi}{1+\phi}\right\}$

下，现代产品生产企业完全聚集在农村地区；在劳动者空间分布

$\left\{(\theta,\lambda)\,|\,s_{ER}(\theta,\lambda) \geqslant \dfrac{1}{1+\phi}\right\}$ 下，现代产品生产企业完全聚集在城市地区。

3.2.3　稳态分析

假设传统技术型劳动者和现代资本型劳动者跨区迁移的成本分别为：

$C_L(t) = |\dot{\theta}(t)|/\delta$，$C_H(t) = |\dot{\lambda}(t)|/\delta$。其中，$\dot{\theta}(t)$、$\dot{\lambda}(t)$ 分别为传统技

术型劳动者和现代资本型劳动者跨区迁移的方向流程，当从农村地区迁移

到城市地区时，$\dot{\theta}(t) > 0$，$\dot{\lambda}(t) > 0$，当从城市地区迁移到农村地区时，

$\dot{\theta}(t) < 0$，$\dot{\lambda}(t) < 0$；δ 为劳动者迁移行为的调整速度，$\delta > 0$。设 $\tilde{\lambda}$、$\tilde{\theta}$ 分

别为迁移达到均衡时现代资本型劳动者和传统技术型劳动者的空间分布，

$0 < \tilde{\theta} \leqslant 1$，$0 < \tilde{\lambda} \leqslant 1$。当 $t < T$ 时，$\dot{\theta}(t) > 0$，$\dot{\lambda}(t) > 0$；当 $t \geqslant T$ 时，

$\dot{\theta}(t) = \dot{\lambda}(t) = 0$，$\theta(t) = \tilde{\theta}$，$\lambda(t) = \tilde{\lambda}$。代表性迁移者的工资贴现价值为：

$$W(0,t) = \int_0^t e^{-\gamma\tau} w_{iS}(\tau)\,\mathrm{d}\tau + \int_t^{+\infty} e^{-\gamma\tau} w_{iR}(\tau)\,\mathrm{d}\tau \quad i = H,L$$

由式（1）可得，代表性迁移者的跨期效用为：

$$U_i(0,t) = \frac{1}{\gamma}\ln\gamma + \frac{1}{\gamma}\ln[A_i(0) + W_i(0,t)] - \mu\left\{\int_0^t e^{-\gamma\tau}\ln[P_{MS}(\tau,\theta,\lambda)]d\tau\right.$$

$$\left. + \int_t^{+\infty} e^{-\gamma\tau}\ln[P_{MR}(\tau,\theta,\lambda)]d\tau\right\} - e^{-\gamma t}C_i(t) \quad i = H,L \quad (3-13)$$

假设劳动者迁移行为取决于迁移带来的跨期效用变动，则传统技术型劳动者和现代资本型劳动者的迁移行为可以分别刻画为如下形式：

$$\dot{\theta}(t) = \delta e^{\gamma t}[U_L(0,t) - U_L(0,T)] = \delta e^{\gamma t}\left\{\frac{1}{\gamma}\ln\left[\frac{A_L(0) + W_L(0,t)}{A_L(0) + W_L(0,T)}\right]\right.$$

$$\left. - \mu\int_t^T e^{-\gamma\tau}\ln\left[\frac{P_{MR}(\tau,\theta,\lambda)}{P_{MS}(\tau,\theta,\lambda)}\right]d\tau\right\} - [\dot{\theta}(t) - e^{-\gamma(T-t)}\dot{\theta}(T)]$$

$$\dot{\lambda}(t) = \delta e^{\gamma t}[U_H(0,t) - U_H(0,T)] = \delta e^{\gamma t}\left\{\frac{1}{\gamma}\ln\left[\frac{A_H(0) + W_H(0,t)}{A_H(0) + W_H(0,T)}\right]\right.$$

$$\left. - \mu\int_t^T e^{-\gamma\tau}\ln\left[\frac{P_{MR}(\tau,\theta,\lambda)}{P_{MS}(\tau,\theta,\lambda)}\right]d\tau\right\} - [\dot{\lambda}(t) - e^{-\gamma(T-t)}\dot{\lambda}(T)]$$

当 $t \geq T$ 时，劳动者空间分布处于稳定状态，即 $\dot{\theta}(T) = 0$，$\dot{\lambda}(T) = 0$，因此可得：

$$\dot{\theta}(t) = \frac{e^{\gamma t}}{2}\left\{\frac{1}{\gamma}\ln\left[\frac{A_L(0) + W_L(0,t)}{A_L(0) + W_L(0,T)}\right] - \mu\int_t^T e^{-\gamma\tau}\ln\left[\frac{P_{MR}(\tau,\theta,\lambda)}{P_{MS}(\tau,\theta,\lambda)}\right]d\tau\right\}$$

$$(3-14A)$$

$$\dot{\lambda}(t) = \frac{e^{\gamma t}}{2}\left\{\frac{1}{\gamma}\ln\left[\frac{A_H(0) + W_H(0,t)}{A_H(0) + W_H(0,T)}\right] - \mu\int_t^T e^{-\gamma\tau}\ln\left[\frac{P_{MR}(\tau,\theta,\lambda)}{P_{MS}(\tau,\theta,\lambda)}\right]d\tau\right\}$$

$$(3-14B)$$

当 $\phi < \dfrac{(2\alpha-1)\sigma - \alpha\mu}{\sigma + \alpha\mu}$ 时，对于劳动力空间分布 $\{(\theta,\lambda)|0 \leq \theta \leq 1, 0 \leq \lambda \leq 1\}$，以及当 $\phi \geq \dfrac{(2\alpha-1)\sigma - \alpha\mu}{\sigma + \alpha\mu}$ 时，对于劳动力空间分布 $\left\{(\theta,\lambda)\left|\dfrac{\phi}{1+\phi} < s_{ER}(\theta,\lambda) < \dfrac{1}{1+\phi}\right.\right\}$，城市地区和农村地区的现代产品价格指数分别为 $P_{MR} = \dfrac{\sigma}{\sigma-1}[(1+\phi)ns_{ER}]^{-1/(\sigma-1)}$ 和 $P_{MS} =$

$\dfrac{\sigma}{\sigma-1}\big[(1+\phi)ns_{ES}\big]^{-1/(\sigma-1)}$，由式（3-12A）、式（3-12B）、式（3-14A）和式（3-14B）可得，传统技术型劳动者和现代资本型劳动者迁移的动态方程分别为：

$$\dot{\theta}(t)=\frac{\mu}{2\gamma(\sigma-1)}(1-e^{-\gamma(T-t)})\ln$$

$$\left\{\frac{\dfrac{1}{2}+\dfrac{1-\alpha}{\alpha}\Big(\theta-\dfrac{1}{2}\Big)+\dfrac{\mu}{\sigma[\gamma+g(\lambda)]}\Big[\Big(\lambda-\dfrac{1}{2}\Big)\gamma+\Big(s_{NR}(\lambda)-\dfrac{1}{2}\Big)g(\lambda)\Big]}{\dfrac{1}{2}-\dfrac{1-\alpha}{\alpha}\Big(\theta-\dfrac{1}{2}\Big)-\dfrac{\mu}{\sigma[\gamma+g(\lambda)]}\Big[\Big(\lambda-\dfrac{1}{2}\Big)\gamma+\Big(s_{NS}(\lambda)-\dfrac{1}{2}\Big)g(\lambda)\Big]}\right\}$$

$$\dot{\lambda}(t)=\frac{1}{2\gamma}e^{\gamma t}\ln\left\{\frac{1+\dfrac{1}{\gamma}\big[(1-e^{-\gamma t})k_S(\lambda)+e^{-\gamma t}k_R(\lambda)\big]}{1+\dfrac{1}{\gamma}\big[(1-e^{-\gamma T})k_S(\lambda)+e^{-\gamma T}k_R(\lambda)\big]}\right\}$$

$$+\frac{\mu}{2\gamma(\sigma-1)}(1-e^{-\gamma(T-t)})\ln$$

$$\left\{\frac{\dfrac{1}{2}+\dfrac{1-\alpha}{\alpha}\Big(\theta-\dfrac{1}{2}\Big)+\dfrac{\mu}{\sigma[\gamma+g(\lambda)]}\Big[\Big(\lambda-\dfrac{1}{2}\Big)\gamma+\Big(s_{NR}(\lambda)-\dfrac{1}{2}\Big)g(\lambda)\Big]}{\dfrac{1}{2}-\dfrac{1-\alpha}{\alpha}\Big(\theta-\dfrac{1}{2}\Big)-\dfrac{\mu}{\sigma[\gamma+g(\lambda)]}\Big[\Big(\lambda-\dfrac{1}{2}\Big)\gamma+\Big(s_{NS}(\lambda)-\dfrac{1}{2}\Big)g(\lambda)\Big]}\right\}$$

当 $\phi\geqslant\dfrac{(2\alpha-1)\sigma-\alpha\mu}{\sigma+\alpha\mu}$ 时，对于劳动力空间分布 $\Big\{(\theta,\lambda)\,|\,s_{ER}(\theta,\lambda)\leqslant\dfrac{\phi}{1+\phi}\Big\}$，城市地区和农村地区的现代产品价格指数分别为 $P_{MR}=\dfrac{\sigma}{\sigma-1}(\phi n)^{-1/(\sigma-1)}$ 和 $P_{MS}=\dfrac{\sigma}{\sigma-1}n^{-1/(\sigma-1)}$，由式（3-12A）、式（3-12B）、式（3-14A）和式（3-14B）可得，传统技术型劳动者和现代资本型劳动者迁移的动态方程分别为：

$$\dot{\theta}(t)=\frac{\mu}{2\gamma(\sigma-1)}(1-e^{-\gamma(T-t)})\ln\phi$$

$$\dot{\lambda}(t)=\frac{1}{2\gamma}e^{\gamma t}\ln\left\{\frac{1+\dfrac{1}{\gamma}\big[(1-e^{-\gamma t})k_S(\lambda)+e^{-\gamma t}k_R(\lambda)\big]}{1+\dfrac{1}{\gamma}\big[(1-e^{-\gamma T})k_S(\lambda)+e^{-\gamma T}k_R(\lambda)\big]}\right\}$$

$$+ \frac{\mu}{2\gamma(\sigma-1)}(1 - e^{-\gamma(T-t)})\ln\phi$$

当 $\phi \geq \dfrac{(2\alpha-1)\sigma-\alpha\mu}{\sigma+\alpha\mu}$ 时，对于劳动力空间分布 $\Big\{(\theta,$

$\lambda) \big| s_{ER}(\theta,\lambda) \geq \dfrac{1}{1+\phi}\Big\}$，城市地区和农村地区的现代产品价格指数分别为

$P_{MR} = \dfrac{\sigma}{\sigma-1}n^{-1/(\sigma-1)}$ 和 $P_{MS} = \dfrac{\sigma}{\sigma-1}(\phi n)^{-1/(\sigma-1)}$，由式（3 – 12A）、

式（3 – 12B）、式（3 – 14A）和式（3 – 14B）可得，传统技术型劳动者和
现代资本型劳动者迁移的动态方程分别为：

$$\dot{\theta}(t) = - \frac{\mu}{2\gamma(\sigma-1)}(1 - e^{-\gamma(T-t)})\ln\phi$$

$$\dot{\lambda}(t) = \frac{1}{2\gamma}e^{\gamma t}\ln\left\{\frac{1 + \dfrac{1}{\gamma}[(1 - e^{-\gamma t})k_S(\lambda) + e^{-\gamma t}k_R(\lambda)]}{1 + \dfrac{1}{\gamma}[(1 - e^{-\gamma T})k_S(\lambda) + e^{-\gamma T}k_R(\lambda)]}\right\}$$

$$- \frac{\mu}{2\gamma(\sigma-1)}(1 - e^{-\gamma(T-t)})\ln\phi$$

当 $\theta = \dfrac{1}{2}$ 和 $\lambda = \dfrac{1}{2}$ 时，$\dot{\theta}(t) = 0$，$\dot{\lambda}(t) = 0$，即劳动者对称分布时，

城乡经济系统处于均衡状态。当 $\phi \geq \dfrac{(2\alpha-1)\sigma-\alpha\mu}{\sigma+\alpha\mu}$ 时，对于劳动者空间

分布 $\Big\{(\theta,\lambda) \big| s_{ER}(\theta,\lambda) \leq \dfrac{\phi}{1+\phi}\Big\}$，总有 $\dot{\theta}(t) < 0$ 成立，但 $\dot{\lambda}(t)$ 的正负不

确定；当 $\phi < \dfrac{(2\alpha-1)\sigma-\alpha\mu}{\sigma+\alpha\mu}$ 时，对于劳动者空间分布

$\Big\{(\theta,\lambda) \big| 0 \leq \theta < \dfrac{1}{2}, 0 \leq \lambda < \dfrac{1}{2}\Big\}$，以及当 $\phi \geq \dfrac{(2\alpha-1)\sigma-\alpha\mu}{\sigma+\alpha\mu}$ 时，对

于劳动者空间分布 $\Big\{(\theta,\lambda) \big| \dfrac{\phi}{1+\phi} < s_{ER}(\theta,\lambda) < \dfrac{1}{2}\Big\}$，总有 $\dot{\theta}(t) < 0$ 和

$\dot{\lambda}(t) < 0$ 成立；对于劳动者空间分布 $\Big\{(\theta,\lambda) \big| \dfrac{1}{2} < \theta \leq 1, \dfrac{1}{2} < \lambda \leq 1\Big\}$，

无论是 $\phi < \dfrac{(2\alpha-1)\sigma-\alpha\mu}{\sigma+\alpha\mu}$，还是 $\phi \geq \dfrac{(2\alpha-1)\sigma-\alpha\mu}{\sigma+\alpha\mu}$，都有 $\dot{\theta}(t) > 0$

和 $\dot{\lambda}(t) > 0$ 成立。这表明，在劳动者自由迁移时，劳动者对称分布的均衡状态是不稳定的。劳动者最终是选择向城市地区迁移还是选择向农村地区迁移，取决于两种迁移路径的福利水平差异。

由式（3-13）可得，传统技术型劳动者两种迁移路径的福利水平差异为：

$$\Delta U_L(0,t) \mid (\theta_1,\theta_0,\lambda_1,\lambda_0) = U_L(0,t) \mid (\theta_1,\lambda_1) - U_L(0,t) \mid (\theta_0,\lambda_0)$$

$$= -\mu \int_0^t e^{-\gamma\tau} \ln\left[\frac{P_{MS}(\tau,\theta_1,\lambda_1)}{P_{MS}(\tau,\theta_0,\lambda_0)}\right] d\tau - \mu \int_t^{+\infty} e^{-\gamma\tau} \ln\left[\frac{P_{MR}(\tau,\theta_1,\lambda_1)}{P_{MR}(\tau,\theta_0,\lambda_0)}\right] d\tau$$

$$- \frac{1}{\delta} e^{-\gamma t}\left(\left|\theta_1 - \frac{1}{2}\right| - \left|\theta_0 - \frac{1}{2}\right|\right)$$

现代资本型劳动者两种路径的福利水平差异为：

$$\Delta U_H(0,t) \mid (\theta_1,\theta_0,\lambda_1,\lambda_0) = U_H(0,t) \mid (\theta_1,\lambda_1) - U_H(0,t) \mid (\theta_0,\lambda_0)$$

$$= \frac{1}{\gamma}\ln\frac{[A_H(0) + W_H(0,t)] \mid (\lambda_1)}{[A_H(0) + W_H(0,t)] \mid (\lambda_0)} - \mu \int_0^t e^{-\gamma\tau} \ln\left[\frac{P_{MS}(\tau,\theta_1,\lambda_1)}{P_{MS}(\tau,\theta_0,\lambda_0)}\right] d\tau$$

$$- \mu \int_t^{+\infty} e^{-\gamma\tau} \ln\left[\frac{P_{MR}(\tau,\theta_1,\lambda_1)}{P_{MR}(\tau,\theta_0,\lambda_0)}\right] d\tau - \frac{1}{\delta} e^{-\gamma t}\left(\left|\lambda_1 - \frac{1}{2}\right| - \left|\lambda_0 - \frac{1}{2}\right|\right)$$

特别地，对于完全聚集于城市地区（ $\theta_1 = \lambda_1 = 1$ ）和完全聚集于农村地区（ $\theta_0 = \lambda_0 = 0$ ）两种路径，由式（3-12A）和式（3-12B）可得，传统技术型劳动者两种迁移路径的福利水平差异为：

$$\Delta U_L(0,t) \mid (1,0,1,0) =$$

$$\begin{cases} \dfrac{\mu(1 - 2e^{-\gamma t})}{\gamma(\sigma - 1)}\ln\left[\dfrac{\sigma + \alpha\mu}{(2\alpha - 1)\sigma - \alpha\mu}\right] & \phi < \dfrac{(2\alpha - 1)\sigma - \alpha\mu}{\sigma + \alpha\mu} \\[4mm] -\dfrac{\mu(1 - 2e^{-\gamma t})}{\gamma(\sigma - 1)}\ln\phi & \phi \geqslant \dfrac{(2\alpha - 1)\sigma - \alpha\mu}{\sigma + \alpha\mu} \end{cases}$$

现代资本型劳动者两种路径的福利水平差异为：

$$\Delta U_H(0,t) \mid (1,0,1,0) =$$

$$\begin{cases} \dfrac{1}{\gamma}\ln\left[\dfrac{\gamma + (1 - e^{-\gamma t})\eta^{1/\zeta} + e^{-\gamma t}}{\gamma + (1 - e^{-\gamma t}) + e^{-\gamma t}\eta^{1/\zeta}}\right] + \dfrac{\mu(1 - 2e^{-\gamma t})}{\gamma(\sigma - 1)}\ln\left[\dfrac{\sigma + \alpha\mu}{(2\alpha - 1)\sigma - \alpha\mu}\right] \\[4mm] \phi < \dfrac{(2\alpha - 1)\sigma - \alpha\mu}{\sigma + \alpha\mu} \end{cases}$$

$$\begin{cases} \dfrac{1}{\gamma}\ln\left[\dfrac{\gamma + (1 - e^{-\gamma t})\eta^{1/\zeta} + e^{-\gamma t}}{\gamma + (1 - e^{-\gamma t}) + e^{-\gamma t}\eta^{1/\zeta}}\right] - \dfrac{\mu(1 - 2e^{-\gamma t})}{\gamma(\sigma - 1)}\ln\phi \\[4mm] \phi \geq \dfrac{(2\alpha - 1)\sigma - \alpha\mu}{\sigma + \alpha\mu} \end{cases}$$

对于传统技术型劳动者而言，无论是高贸易自由度的情形还是高贸易自由度的情形，总有 $\Delta U_L(0,t)\,|\,(1,0,1,0) > 0$ 成立，即向城市地区迁移一定是更加有利的。对于现代资本型劳动者而言，因为 $\partial\ln\left[\dfrac{\gamma + (1 - e^{-\gamma t})\eta^{1/\zeta} + e^{-\gamma t}}{\gamma + (1 - e^{-\gamma t}) + e^{-\gamma t}\eta^{1/\zeta}}\right]/\partial t < 0$，所以无论是低贸易自由度情形还是高贸易自由度情形，迁移行动时间越早，选择迁移至城市地区获取的福利水平相对于选择迁移至农村地区的优势就更加明显。特别地，如果 $t < \dfrac{1}{\gamma}\ln 2$，$\ln\left[\dfrac{\gamma + (1 - e^{-\gamma t})\eta^{1/\zeta} + e^{-\gamma t}}{\gamma + (1 - e^{-\gamma t}) + e^{-\gamma t}\eta^{1/\zeta}}\right] > 0$，选择向城市地区迁移一定是更加有利的；对于低贸易自由度情形，如果 $\dfrac{\gamma + \eta^{1/\zeta}}{\gamma + 1} > \left[\dfrac{(2\alpha - 1)\sigma - \alpha\mu}{\sigma + \alpha\mu}\right]^{\mu/(\sigma - 1)}$，或对于高贸易自由度情形，如果 $\dfrac{\gamma + \eta^{1/\zeta}}{\gamma + 1} > \phi^{\mu/(\sigma - 1)}$，当 $t \in [0, +\infty)$ 时，总有 $\Delta U_H(0,t)\,|\,(1,0,1,0) > 0$ 成立，即任意时刻向城市地区迁移总是优于向农村地区迁移。因此，劳动者将完全聚集在城市地区，而且这种均衡状态是稳定的。

结论 2：从长期来看，在生产资本自由流动和劳动力自由迁移的情况下，城乡经济系统最终将演变成为两种均衡且稳定的"核心—边缘"型城镇化空间分布格局：

（A）当 $\phi < \dfrac{(2\alpha - 1)\sigma - \alpha\mu}{\sigma + \alpha\mu}$ 时，$s_{NR}(1,1) = \dfrac{1 + \phi}{1 - \phi}\left(\dfrac{1}{2} + \dfrac{1 - \alpha}{2\alpha} + \dfrac{\mu}{2\sigma}\right) - \dfrac{\phi}{1 - \phi}$ 且 $\dfrac{1}{2} < s_{NR}(1,1) < 1$。在这种格局下，城市地区聚集了所有的劳动者和大部分的现代产品生产企业。

（B）当 $\phi \geq \dfrac{(2\alpha - 1)\sigma - \alpha\mu}{\sigma + \alpha\mu}$ 时，$s_{NR}(1,1) = \dfrac{1 + \phi}{1 - \phi}\left(\dfrac{1}{1 + \phi}\right) - \dfrac{\phi}{1 - \phi} = 1$。在这种格局下，城市地区聚集了所有的劳动者和所有的现代产品生产

企业。

3.2.4　福利分析

（1）城乡劳动者福利水平变化

由式（3－10）、式（3－11）、式（3－12）和式（3－14）可知，现代资本型劳动者的即期效用为：

$$u_{Hi}(t,\theta,\lambda) = \mu^{1+\mu}(1-\mu)^{1-\mu}\frac{\sigma(1-\alpha)[\gamma+k_i(\lambda)]}{\alpha(\sigma-\mu)[\gamma+g(\lambda)]}[P_{Mi}(t,\theta,\lambda)]^{-\mu}$$

$$i = R,S \tag{3－15A}$$

由式（3－4）可得，现代资本型劳动者的跨期效用为：

$$U_{Hi}(0,\theta,\lambda) = \frac{1}{\gamma}(1+\mu)\ln\mu + \frac{1}{\gamma}(1-\mu)\ln(1-\mu) + \frac{1}{\gamma}\ln\left[\frac{\sigma(1-\alpha)}{\alpha(\sigma-\mu)}\right]$$

$$+ \frac{1}{\gamma}\ln\left[\frac{\gamma+k_i(\lambda)}{\gamma+g(\lambda)}\right] - \mu\int_0^\infty e^{-\gamma t}\ln[P_{Mi}(t,\theta,\lambda)]dt$$

$$i = R,S \tag{3－15B}$$

由式（3－6）和式（3－13）可知，传统技术型劳动者的即期效用为：

$$u_{Li}(t,\theta,\lambda) = \mu^\mu(1-\mu)^{1-\mu}[P_{Mi}(t,\theta,\lambda)]^{-\mu} \quad i = R,S$$

$$\tag{3－15C}$$

由式（3－4）可得，传统技术型劳动者的跨期效用为：

$$U_{Li}(0,\theta,\lambda) = \frac{1}{\gamma}\mu\ln\mu + \frac{1}{\gamma}(1-\mu)\ln(1-\mu) - \mu\int_0^\infty e^{-\gamma t}\ln[P_{Mi}(t,\theta,\lambda)]dt$$

$$i = R,S \tag{3－15D}$$

当劳动者空间分布由 $\{\theta_0,\lambda_0\}$ 演变为 $\{\theta_1,\lambda_1\}$ 时，由式（3－15A）和式（3－15B）可得，城市地区现代资本型劳动者的即期效用变动为：

$$\psi_{HR}(\theta_1,\theta_0,\lambda_1,\lambda_0) \equiv \frac{u_{HR}(t,\theta_1,\lambda_1)}{u_{HR}(t,\theta_0,\lambda_0)}$$

$$= \frac{[\gamma+g(\lambda_0)][\gamma+k_R(\lambda_1)]}{[\gamma+g(\lambda_1)][\gamma+k_R(\lambda_0)]}\left[\frac{P_{MR}(t,\theta_1,\lambda_1)}{P_{MR}(t,\theta_0,\lambda_0)}\right]^{-\mu}$$

福利水平变化为：

$$\Phi_{HR}(\theta_1,\theta_0,\lambda_1,\lambda_0) \equiv U_{HR}(0,\theta_1,\lambda_1) - U_{HR}(0,\theta_0,\lambda_0)$$

$$= \frac{1}{\gamma}\ln\left[\frac{\gamma + k_R(\lambda_1)}{\gamma + k_R(\lambda_0)}\right] - \frac{1}{\gamma}\ln\left[\frac{\gamma + g(\lambda_1)}{\gamma + g(\lambda_0)}\right]$$

$$- \mu\int_0^\infty e^{-\gamma t}\ln\left[\frac{P_{MR}(t,\theta_1,\lambda_1)}{P_{MR}(t,\theta_0,\lambda_0)}\right]\mathrm{d}t$$

由式（3 – 15C）和式（3 – 15D）可得，城市地区传统技术型劳动者的即期效用变动为：

$$\psi_{LR}(\theta_1,\theta_0,\lambda_1,\lambda_0) \equiv \frac{u_{LR}(t,\theta_1,\lambda_1)}{u_{LR}(t,\theta_0,\lambda_0)} = \left[\frac{P_{MR}(t,\theta_1,\lambda_1)}{P_{MR}(t,\theta_0,\lambda_0)}\right]^{-\mu}$$

福利水平变化为：

$$\Phi_{LR}(\theta_1,\theta_0,\lambda_1,\lambda_0) \equiv U_{LR}(0,\theta_1,\lambda_1) - U_{LR}(0,\theta_0,\lambda_0)$$

$$= -\mu\int_0^\infty e^{-\gamma t}\ln\left[\frac{P_{MR}(t,\theta_1,\lambda_1)}{P_{MR}(t,\theta_0,\lambda_0)}\right]\mathrm{d}t$$

特别地，对于劳动者由对称分布（$\theta_0 = \lambda_0 = \frac{1}{2}$）向城市地区完全聚集（$\theta_1 = \lambda_1 = 1$）的过程，城市地区现代资本型劳动者和传统技术型劳动者的即期效用变动为：

$$\psi_{HR}\left(1,\frac{1}{2},1,\frac{1}{2}\right) = \psi_{LR}\left(1,\frac{1}{2},1,\frac{1}{2}\right)$$

$$= \begin{cases} \left(1 + \dfrac{1-\alpha}{\alpha} + \dfrac{\mu}{\sigma}\right)^{\mu/(\sigma-1)} \exp\left\{\dfrac{\mu}{\sigma-1}\left[1 - \left(\dfrac{1+\eta}{2}\right)^{1/\zeta}\right]t\right\} & \phi < \dfrac{(2\alpha-1)\sigma - \alpha\mu}{\sigma + \alpha\mu} \\[4mm] \left(\dfrac{2}{1+\phi}\right)^{\mu/(\sigma-1)} \exp\left\{\dfrac{\mu}{\sigma-1}\left[1 - \left(\dfrac{1+\eta}{2}\right)^{1/\zeta}\right]t\right\} & \phi \geq \dfrac{(2\alpha-1)\sigma - \alpha\mu}{\sigma + \alpha\mu} \end{cases}$$

福利水平变化为：

$$\Phi_{HR}\left(1,\frac{1}{2},1,\frac{1}{2}\right) = \Phi_{LR}\left(1,\frac{1}{2},1,\frac{1}{2}\right)$$

$$= \begin{cases} \dfrac{\mu}{\gamma(\sigma-1)}\left\{\dfrac{1}{\gamma}\left[1 - \left(\dfrac{1+\eta}{2}\right)^{1/\zeta}\right] + \ln\left(1 + \dfrac{1-\alpha}{\alpha} + \dfrac{\mu}{\sigma}\right)\right\} & \phi < \dfrac{(2\alpha-1)\sigma - \alpha\mu}{\sigma + \alpha\mu} \\[4mm] \dfrac{\mu}{\gamma(\sigma-1)}\left\{\dfrac{1}{\gamma}\left[1 - \left(\dfrac{1+\eta}{2}\right)^{1/\zeta}\right] + \ln\left(\dfrac{2}{1+\phi}\right)\right\} & \phi \geq \dfrac{(2\alpha-1)\sigma - \alpha\mu}{\sigma + \alpha\mu} \end{cases}$$

显然，$\Phi_{HR}\left(1,\dfrac{1}{2},1,\dfrac{1}{2}\right) = \Phi_{LR}\left(1,\dfrac{1}{2},1,\dfrac{1}{2}\right) > 0$。因此，无论是城镇化格局（A）还是城镇化格局（B），相对于劳动者对称分布的空间格局而言，城市地区现代资本型劳动者与传统技术型劳动者的福利水平都是增加的，而且福利增加是相等的。

当劳动者空间分布由 $\{\theta_0,\lambda_0\}$ 演变为 $\{\theta_1,\lambda_1\}$ 时，由式（3-15A）和式（3-15B）可得，农村地区现代资本型劳动者的即期效用变动为：

$$\psi_{HS}(\theta_1,\theta_0,\lambda_1,\lambda_0) \equiv \frac{u_{HS}(t,\theta_1,\lambda_1)}{u_{HS}(t,\theta_0,\lambda_0)}$$

$$= \frac{[\gamma + g(\lambda_0)][\gamma + k_S(\lambda_1)]}{[\gamma + g(\lambda_1)][\gamma + k_S(\lambda_0)]}\left[\frac{P_{MS}(t,\theta_1,\lambda_1)}{P_{MS}(t,\theta_0,\lambda_0)}\right]^{-\mu}$$

福利水平变化为：

$$\Phi_{HS}(\theta_1,\theta_0,\lambda_1,\lambda_0) \equiv U_{HS}(0,\theta_1,\lambda_1) - U_{HS}(0,\theta_0,\lambda_0)$$

$$= \frac{1}{\gamma}\ln\left[\frac{\gamma + k_S(\lambda_1)}{\gamma + k_S(\lambda_0)}\right] - \frac{1}{\gamma}\ln\left[\frac{\gamma + g(\lambda_1)}{\gamma + g(\lambda_0)}\right]$$

$$- \mu\int_0^\infty e^{-\gamma t}\ln\left[\frac{P_{MS}(t,\theta_1,\lambda_1)}{P_{MS}(t,\theta_0,\lambda_0)}\right]\mathrm{d}t$$

由式（3-15C）和式（3-15D）可得，农村地区传统技术型劳动者的即期效用变动为：

$$\psi_{LS}(\theta_1,\theta_0,\lambda_1,\lambda_0) \equiv \frac{u_{LS}(t,\theta_1,\lambda_1)}{u_{LS}(t,\theta_0,\lambda_0)} = \left[\frac{P_{MS}(t,\theta_1,\lambda_1)}{P_{MS}(t,\theta_0,\lambda_0)}\right]^{-\mu}$$

福利水平变化为：

$$\Phi_{LS}(\theta_1,\theta_0,\lambda_1,\lambda_0) \equiv U_{LS}(0,\theta_1,\lambda_1) - U_{LS}(0,\theta_0,\lambda_0)$$

$$= -\mu\int_0^\infty e^{-\gamma t}\ln\left[\frac{P_{MS}(t,\theta_1,\lambda_1)}{P_{MS}(t,\theta_0,\lambda_0)}\right]\mathrm{d}t$$

特别地，对于劳动者由对称分布（$\theta_0 = \lambda_0 = \dfrac{1}{2}$）向城市地区完全聚集（$\theta_1 = \lambda_1 = 1$）的过程，农村地区现代资本型劳动者的即期效用变动为：

$$\psi_{HS}\left(1,\frac{1}{2},1,\frac{1}{2}\right)$$

$$= \begin{cases} \left(\dfrac{\gamma + \eta^{1/\zeta}}{\gamma + 1}\right)\left(1 - \dfrac{1 - \alpha}{\alpha} - \dfrac{\mu}{\sigma}\right)^{\mu/(\sigma-1)} \exp\left\{\dfrac{\mu}{\sigma - 1}\left[1 - \left(\dfrac{1 + \eta}{2}\right)^{1/\zeta}\right]t\right\} \\ \phi < \dfrac{(2\alpha - 1)\sigma - \alpha\mu}{\sigma + \alpha\mu} \\ \left(\dfrac{\gamma + \eta^{1/\zeta}}{\gamma + 1}\right)\left(\dfrac{2\phi}{1 + \phi}\right)^{\mu/(\sigma-1)} \exp\left\{\dfrac{\mu}{\sigma - 1}\left[1 - \left(\dfrac{1 + \eta}{2}\right)^{1/\zeta}\right]t\right\} \\ \phi \geqslant \dfrac{(2\alpha - 1)\sigma - \alpha\mu}{\sigma + \alpha\mu} \end{cases}$$

福利水平变化为：

$$\Phi_{HS}\left(1,\frac{1}{2},1,\frac{1}{2}\right)$$

$$= \begin{cases} \dfrac{1}{\gamma}\ln\left(\dfrac{\gamma + \eta^{1/\zeta}}{\gamma + 1}\right) + \dfrac{\mu}{\gamma(\sigma - 1)}\left\{\dfrac{1}{\gamma}\left[1 - \left(\dfrac{1 + \eta}{2}\right)^{1/\zeta}\right] + \ln\left(1 - \dfrac{1 - \alpha}{\alpha} - \dfrac{\mu}{\sigma}\right)\right\} \\ \phi < \dfrac{(2\alpha - 1)\sigma - \alpha\mu}{\sigma + \alpha\mu} \\ \dfrac{1}{\gamma}\ln\left(\dfrac{\gamma + \eta^{1/\zeta}}{\gamma + 1}\right) + \dfrac{\mu}{\gamma(\sigma - 1)}\left\{\dfrac{1}{\gamma}\left[1 - \left(\dfrac{1 + \eta}{2}\right)^{1/\zeta}\right] + \ln\left(\dfrac{2\phi}{1 + \phi}\right)\right\} \\ \phi \geqslant \dfrac{(2\alpha - 1)\sigma - \alpha\mu}{\sigma + \alpha\mu} \end{cases}$$

农村地区传统技术型劳动者的即期效用变动为：

$$\psi_{LS}\left(1,\frac{1}{2},1,\frac{1}{2}\right)$$

$$= \begin{cases} \left(1 - \dfrac{1 - \alpha}{\alpha} - \dfrac{\mu}{\sigma}\right)^{\mu/(\sigma-1)} \exp\left\{\dfrac{\mu}{\sigma - 1}\left[1 - \left(\dfrac{1 + \eta}{2}\right)^{1/\zeta}\right]t\right\} & \phi < \dfrac{(2\alpha - 1)\sigma - \alpha\mu}{\sigma + \alpha\mu} \\ \left(\dfrac{2\phi}{1 + \phi}\right)^{\mu/(\sigma-1)} \exp\left\{\dfrac{\mu}{\sigma - 1}\left[1 - \left(\dfrac{1 + \eta}{2}\right)^{1/\zeta}\right]t\right\} & \phi \geqslant \dfrac{(2\alpha - 1)\sigma - \alpha\mu}{\sigma + \alpha\mu} \end{cases}$$

福利水平变化为：

$$\Phi_{LS}\left(1,\frac{1}{2},1,\frac{1}{2}\right) =$$

$$\begin{cases} \dfrac{\mu}{\gamma(\sigma - 1)}\left\{\dfrac{1}{\gamma}\left[1 - \left(\dfrac{1 + \eta}{2}\right)^{1/\zeta}\right] + \ln\left(1 - \dfrac{1 - \alpha}{\alpha} - \dfrac{\mu}{\sigma}\right)\right\} & \phi < \dfrac{(2\alpha - 1)\sigma - \alpha\mu}{\sigma + \alpha\mu} \\ \dfrac{\mu}{\gamma(\sigma - 1)}\left\{\dfrac{1}{\gamma}\left[1 - \left(\dfrac{1 + \eta}{2}\right)^{1/\zeta}\right] + \ln\left(\dfrac{2\phi}{1 + \phi}\right)\right\} & \phi \geqslant \dfrac{(2\alpha - 1)\sigma - \alpha\mu}{\sigma + \alpha\mu} \end{cases}$$

由 $\ln\left(\dfrac{\gamma + \eta^{1/\zeta}}{\gamma + 1}\right) < 0$ ，$\ln\left(\dfrac{2\phi}{1 + \phi}\right) < 0$ 和 $\ln\left(1 - \dfrac{1 - \alpha}{\alpha} - \dfrac{\mu}{\sigma}\right) < 0$ 可知，

$\Phi_{HS}\left(1, \dfrac{1}{2}, 1, \dfrac{1}{2}\right)$ 和 $\Phi_{LS}\left(1, \dfrac{1}{2}, 1, \dfrac{1}{2}\right)$ 的正负不确定。因此，无论是城镇化格局（A）还是城镇化格局（B），相对于劳动者对称分布的空间格局，农村地区现代资本型劳动者和传统技术型劳动者的福利水平并不是必然提高的。这意味着，只有生产资本增速提高导致的福利增加能够弥补因农村地区生产资本份额下降和农村地区消费支出份额下降造成的福利损失时，农村地区现代资本型劳动者净福利才是增加的；只有因生产资本增速提高导致的福利增加能够弥补因农村地区消费支出份额下降造成的福利损失时，农村地区传统技术型劳动者净福利才是增加的。因此，只有消费者效用贴现率 γ 足够低，现代资本型劳动者异质性 ζ 足够高，现代产品消费份额 μ 足够高，现代产品差异化程度 σ 足够大，生产资本扩散强度 η 足够大，农村地区现代资本型劳动者和传统技术型劳动者才会倾向于选择"核心—边缘"型城镇化格局。

（2）城乡劳动者福利差距变化

对于劳动者空间分布 $\{\theta, \lambda\}$ ，由式（3－15A）和式（3－15B）可得，城乡现代资本型劳动者的即期效用差异为：

$$\psi_H(t, \theta, \lambda) \equiv \frac{u_{HR}(t, \theta, \lambda)}{u_{HS}(t, \theta, \lambda)} = \frac{[\gamma + k_R(\lambda)]}{[\gamma + k_S(\lambda)]}\left[\frac{P_{MR}(t, \theta, \lambda)}{P_{MS}(t, \theta, \lambda)}\right]^{-\mu}$$

福利差距为：

$$\Phi_H(\theta, \lambda) \equiv U_{HR}(0, \theta, \lambda) - U_{HS}(0, \theta, \lambda)$$

$$= \frac{1}{\gamma}\ln\left[\frac{\gamma + k_R(\lambda)}{\gamma + k_S(\lambda)}\right] - \mu\int_0^\infty e^{-\gamma t}\ln\left[\frac{P_{MR}(t, \theta, \lambda)}{P_{MS}(t, \theta, \lambda)}\right]dt$$

当劳动者空间分布由 $\{\theta_0, \lambda_0\}$ 演变为 $\{\theta_1, \lambda_1\}$ 时，城乡现代资本型劳动者的福利差距变化为：

$$\Delta\Phi_H(\theta_1, \theta_0, \lambda_1, \lambda_0) \equiv \Phi_H(\theta_1, \lambda_1) - \Phi_H(\theta_0, \lambda_0)$$

$$= \frac{1}{\gamma}\left\{\ln\left[\frac{\gamma + k_R(\lambda_1)}{\gamma + k_S(\lambda_1)}\right] - \ln\left[\frac{\gamma + k_R(\lambda_0)}{\gamma + k_S(\lambda_0)}\right]\right\}$$

$$- \mu\left\{\int_0^\infty e^{-\gamma t}\ln\left[\frac{P_{MR}(t, \theta_1, \lambda_1)}{P_{MS}(t, \theta_1, \lambda_1)}\right]dt - \int_0^\infty e^{-\gamma t}\ln\left[\frac{P_{MR}(t, \theta_0, \lambda_0)}{P_{MS}(t, \theta_0, \lambda_0)}\right]dt\right\}$$

对于劳动者空间分布 $\{\theta,\lambda\}$，由式（3 - 15C）和式（3 - 15D）可得，城乡传统技术型劳动者的即期效用差异为：

$$\psi_L(t,\theta,\lambda) \equiv \frac{u_{LR}(t,\theta,\lambda)}{u_{LS}(t,\theta,\lambda)} = \left[\frac{P_{MR}(t,\theta,\lambda)}{P_{MS}(t,\theta,\lambda)}\right]^{-\mu}$$

福利差距为：

$$\Phi_L(\theta,\lambda) \equiv U_{LR}(0,\theta,\lambda) - U_{LS}(0,\theta,\lambda) = -\mu \int_0^\infty e^{-\gamma t}\ln\left[\frac{P_{MR}(t,\theta,\lambda)}{P_{MS}(t,\theta,\lambda)}\right]dt$$

当劳动者空间分布由 $\{\theta_0,\lambda_0\}$ 演变为 $\{\theta_1,\lambda_1\}$ 时，城乡传统技术型劳动者的福利差距变化为：

$$\begin{aligned}\Delta\Phi_L(\theta_1,\theta_0,\lambda_1,\lambda_0) &\equiv \Phi_L(\theta_1,\lambda_1) - \Phi_L(\theta_0,\lambda_0) \\ &= -\mu\left\{\int_0^\infty e^{-\gamma t}\ln\left[\frac{P_{MR}(t,\theta_1,\lambda_1)}{P_{MS}(t,\theta_1,\lambda_1)}\right]dt \right.\\ &\quad \left. - \int_0^\infty e^{-\gamma t}\ln\left[\frac{P_{MR}(t,\theta_0,\lambda_0)}{P_{MS}(t,\theta_0,\lambda_0)}\right]dt \right\}\end{aligned}$$

特别地，劳动者对称分布的格局 $\left(\theta_0 = \lambda_0 = \frac{1}{2}\right)$ 下，$k_R\left(\frac{1}{2}\right) = k_S\left(\frac{1}{2}\right) = \left(\frac{1+\eta}{2}\right)^{1/\zeta}$，$s_{ER}\left(\frac{1}{2},\frac{1}{2}\right) = s_{ES}\left(\frac{1}{2},\frac{1}{2}\right) = \frac{1}{2}$，$g\left(\frac{1}{2}\right) = \left(\frac{1+\eta}{2}\right)^{1/\zeta}$，因而 $\Phi_H\left(\frac{1}{2},\frac{1}{2}\right) = \Phi_L\left(\frac{1}{2},\frac{1}{2}\right) = 0$，这表明城乡现代资本型劳动者之间、城乡传统技术型劳动者之间的即期效用相同，福利差距为零。在劳动者完全聚集于城市地区的格局（$\theta_1 = \lambda_1 = 1$）下，城乡现代资本型劳动者之间的即期效用差异为：

$$\psi_H(1,1) = \begin{cases}\left(\dfrac{\gamma+1}{\gamma+\eta^{1/\zeta}}\right)\left[\dfrac{(2\alpha-1)\sigma-\alpha\mu}{\sigma+\alpha\mu}\right]^{-\mu/(\sigma-1)} & \phi < \dfrac{(2\alpha-1)\sigma-\alpha\mu}{\sigma+\alpha\mu} \\[3mm] \left(\dfrac{\gamma+1}{\gamma+\eta^{1/\zeta}}\right)\phi^{-\mu/(\sigma-1)} & \phi \geq \dfrac{(2\alpha-1)\sigma-\alpha\mu}{\sigma+\alpha\mu}\end{cases}$$

福利差距为：

$$\Phi_H(1,1) =$$
$$\begin{cases}\dfrac{1}{\gamma}\ln\left(\dfrac{\gamma+1}{\gamma+\eta^{1/\zeta}}\right) - \dfrac{\mu}{\gamma(\sigma-1)}\ln\left[\dfrac{(2\alpha-1)\sigma-\alpha\mu}{\sigma+\alpha\mu}\right] & \phi < \dfrac{(2\alpha-1)\sigma-\alpha\mu}{\sigma+\alpha\mu} \\[3mm] \dfrac{1}{\gamma}\ln\left(\dfrac{\gamma+1}{\gamma+\eta^{1/\zeta}}\right) - \dfrac{\mu}{\gamma(\sigma-1)}\ln\phi & \phi \geq \dfrac{(2\alpha-1)\sigma-\alpha\mu}{\sigma+\alpha\mu}\end{cases}$$

城乡传统技术型劳动者之间的即期效用差异为：

$$\psi_L(1,1) = \begin{cases} \left[\dfrac{(2\alpha-1)\sigma-\alpha\mu}{\sigma+\alpha\mu}\right]^{-\mu/(\sigma-1)} & \phi < \dfrac{(2\alpha-1)\sigma-\alpha\mu}{\sigma+\alpha\mu} \\[4mm] \phi^{-\mu/(\sigma-1)} & \phi \geqslant \dfrac{(2\alpha-1)\sigma-\alpha\mu}{\sigma+\alpha\mu} \end{cases}$$

福利差距为：

$$\Phi_L(1,1) = \begin{cases} -\dfrac{\mu}{\gamma(\sigma-1)}\ln\left[\dfrac{(2\alpha-1)\sigma-\alpha\mu}{\sigma+\alpha\mu}\right] & \phi < \dfrac{(2\alpha-1)\sigma-\alpha\mu}{\sigma+\alpha\mu} \\[4mm] -\dfrac{\mu}{\gamma(\sigma-1)}\ln\phi & \phi \geqslant \dfrac{(2\alpha-1)\sigma-\alpha\mu}{\sigma+\alpha\mu} \end{cases}$$

显然，$\Delta\Phi_H\left(1,\dfrac{1}{2},1,\dfrac{1}{2}\right) > 0$，$\Delta\Phi_L\left(1,\dfrac{1}{2},1,\dfrac{1}{2}\right) > 0$。

因此，无论是城镇化格局（A）还是城镇化格局（B），相对于劳动者对称分布格局，城乡现代资本型劳动者之间、城乡传统技术型劳动者之间的福利差距都是扩大的。

（3）城乡劳动者全局福利变化

当劳动者空间分布由 $\{\theta_0,\lambda_0\}$ 演变为 $\{\theta_1,\lambda_1\}$ 时，定义城乡劳动者全局福利变化为：

$$\begin{aligned} T\Phi(\theta_1,\theta_0,\lambda_1,\lambda_0) &\equiv \lambda_1 U_{HR}(0,\theta_1,\lambda_1) - \lambda_0 U_{HR}(0,\theta_0,\lambda_0) \\ &\quad + (1-\lambda_1)U_{HS}(0,\theta_1,\lambda_1) - (1-\lambda_0)U_{HS}(0,\theta_0,\lambda_0) \\ &\quad + \frac{1-\alpha}{\alpha}\{\theta_1 U_{LR}(0,\theta_1,\lambda_1) - \theta_0 U_{LR}(0,\theta_0,\lambda_0) \\ &\quad + (1-\theta_1)U_{LS}(0,\theta_1,\lambda_1) - (1-\theta_0)U_{LS}(0,\theta_0,\lambda_0)\} \end{aligned}$$

把式（3–15B）和式（3–15D）代入并化简可得：

$$\begin{aligned} T\Phi(\theta_1,\theta_0,\lambda_1,\lambda_0) &\equiv \frac{1}{\gamma}\Bigg\{\lambda_1\ln\left[\frac{\gamma+k_R(\lambda_1)}{\gamma+g(\lambda_1)}\right] + (1-\lambda_1)\ln\left[\frac{\gamma+k_S(\lambda_1)}{\gamma+g(\lambda_1)}\right] \\ &\quad - \lambda_0\ln\left[\frac{\gamma+k_R(\lambda_0)}{\gamma+g(\lambda_0)}\right] + (1-\lambda_0)\ln\left[\frac{\gamma+k_S(\lambda_0)}{\gamma+g(\lambda_0)}\right]\Bigg\} \end{aligned}$$

$$+ \frac{\mu}{\gamma(\sigma-1)} \left[\left(\lambda_1 + \frac{1-\alpha}{\alpha}\theta_1 \right) s_{ER}(\theta_1,\lambda_1) \right.$$

$$+ \left. \left(\frac{1}{\alpha} - \lambda_1 - \frac{1-\alpha}{\alpha}\theta_1 \right) s_{ES}(\theta_1,\lambda_1) \right]$$

$$- \frac{\mu}{\gamma(\sigma-1)} \left[\left(\lambda_0 + \frac{1-\alpha}{\alpha}\theta_0 \right) s_{ER}(\theta_0,\lambda_0) \right.$$

$$+ \left. \left(\frac{1}{\alpha} - \lambda_0 - \frac{1-\alpha}{\alpha}\theta_0 \right) s_{ES}(\theta_0,\lambda_0) \right]$$

$$+ \frac{\mu}{\gamma(\sigma-1)} \left[\frac{g(\lambda_1)-g(\lambda_0)}{\alpha\gamma} \right]$$

特别地，对于劳动者由对称分布 $\left(\theta_0 = \lambda_0 = \frac{1}{2} \right)$ 向城市地区完全聚集

$(\theta_1 = \lambda_1 = 1)$ 的过程，城乡劳动者全局福利变化为：

$$T\Phi\left(1, \frac{1}{2}, 1, \frac{1}{2} \right)$$

$$= \begin{cases} \dfrac{\mu}{\gamma(\sigma-1)} \left\{ \ln\left(1 + \dfrac{1-\alpha}{\alpha} + \dfrac{\mu}{\sigma} \right) + \dfrac{1}{\gamma}\left[1 - \left(\dfrac{1+\eta}{2} \right)^{1/\zeta} \right] \right\} & \phi < \dfrac{(2\alpha-1)\sigma-\alpha\mu}{\sigma+\alpha\mu} \\[4mm] \dfrac{\mu}{\gamma(\sigma-1)} \left\{ \ln\left(\dfrac{2}{1+\phi} \right) + \dfrac{1}{\gamma}\left[1 - \left(\dfrac{1+\eta}{2} \right)^{1/\zeta} \right] \right\} & \phi \geq \dfrac{(2\alpha-1)\sigma-\alpha\mu}{\sigma+\alpha\mu} \end{cases}$$

显然，对于 $\phi < \dfrac{(2\alpha-1)\sigma-\alpha\mu}{\sigma+\alpha\mu}$ 和 $\phi \geq \dfrac{(2\alpha-1)\sigma-\alpha\mu}{\sigma+\alpha\mu}$ 两种情形，

都有 $T\Phi\left(1, \frac{1}{2}, 1, \frac{1}{2} \right) > 0$ 成立。这表明，对于劳动者由对称分布向城市地

区完全聚集的过程，城乡劳动者全局福利总是增加的。

3.3　金融助推城乡人口迁移的数值模拟

下面取 $\alpha = 0.75$、$\mu = 0.75$、$\sigma = 2.25$、$\gamma = 0.1$、$\zeta = 0.25$、$\eta = 0.75$、$\delta = 0.1$，此时 $\dfrac{(2\alpha-1)\sigma-\alpha\mu}{\sigma+\alpha\mu} = 0.2$，运用软件 Matlab R2013a 对

低贸易自由度（$\phi = 0.1$）和高贸易自由度（$\phi = 0.4$）两种情形下的劳动者

迁移行为动态特征和城镇化空间格局演变过程进行三维数值模拟。

3.3.1　迁移模拟

如图 3 - 1 和图 3 - 2 所示，当 $\theta = \lambda = 0.5$ 时，$\dot{\theta} = \dot{\lambda} = 0$，其经济意义在于，在这种对称分布格局下，无论对于现代资本型劳动者还是对于传统技术型劳动者，城市地区和农村地区之间终生工资收入价值和产品价格都是相同的，因而两个地区的福利水平不存在差异，两个地区的劳动者均没有向另一地区迁移的动力。当劳动者空间分布为 $\{(\theta,\lambda) | 0 \leqslant \theta < 0.5, 0 \leqslant \lambda < 0.5\}$ 时，$\dot{\theta} < 0$，$\dot{\lambda} < 0$，其经济意义在于，如果农村地区的一位传统技术型劳动者意识到向城市地区聚集的福利水平高于对称分布，率先向城市地区迁移，则会打破对称分布格局下两个地区之间福利水平无差异的局面，即城市地区的消费份额增加，进而城市地区的市场规模变大，生产企业选择市场规模较大的地区，使生产活动向城市地区转移，城市地区的劳动力需求超过劳动力供给，农村地区的劳动力需求低于劳动力供给，从而进一步激励农村地区的劳动力向城市地区转移，这种作用机制就是需求关联的循环累积因果效应。另外，生产活动向城市地区转移，城市地区的产品种类更加丰富，这将使城市地区的物价指数下降而农村地区的物价指数上升，这意味着城市地区的生活成本低于农村地区的生活成本，也将进一步激励农村地区的劳动力向城市地区转移，这种作用机制就是成本关联的循环累积因果效应。如果是农村地区的一位现代资本型劳动者率先打破这种对称格局，则在需求关联和成本关联两种循环累积因果效应的基础上，还有利于减少地区之间的生产资本扩散损失，增加整个城乡经济系统的生产资本总量，从而增加现代资本型劳动者终生收入价值，这意味着现代资本型劳动者相对于传统技术型劳动者而言具有更强的迁移动力。这种向城市地区迁移的动力差异，直观、形象地表现在劳动者空间分布 $\{(\theta,\lambda) | 0 \leqslant \theta < 0.5, 0 \leqslant \lambda < 0.5\}$ 时，图 3 - 1 中现代资本型劳动者的迁移行为曲面整体高于图 3 - 2 中传统技术型劳动者的迁移行为曲面。当劳动者空间分布为 $\{(\theta,\lambda) | 0.5 < \theta \leqslant 1, 0.5 < \lambda \leqslant 1\}$ 时，$\dot{\theta} >$

$0, \dot{\lambda} > 0$，其经济意义在于，如果城市地区的一位传统技术型劳动者打破对称分布格局，率先向城市地区迁移，则将由于上述需求关联和成本关联两种循环累积因果效应的作用，从而进一步激励城市地区的劳动者向农村地区迁移。对于现代资本型劳动者，由于还将带来额外的终生收入价值增加，因而这种迁移动力更强。这种向农村地区迁移的动力差异，直观、形象地表现在劳动者空间分布为 $\{(\theta, \lambda) \mid 0.5 < \theta \leqslant 1, 0.5 < \lambda \leqslant 1\}$ 时，图 3 - 1 中现代资本型劳动者的迁移行为曲面整体低于图 3 - 2 中传统技术型劳动者的迁移行为曲面。因此，劳动者对称分布虽然是均衡状态，但这种均衡状态是不稳定的，劳动者有单边聚集的倾向。但从长期均衡来看，由于向城市地区单边聚集，相对于向农村地区单边聚集，地区之间的生产资本扩散损失更少，整个城乡经济系统的生产资本总量更大，从而使物价指数更低，福利水平更高，所以劳动者最终将单边聚集在城市地区。

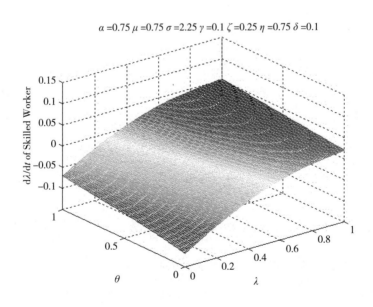

图 3 - 1　现代资本型劳动者迁移行为的动态特征

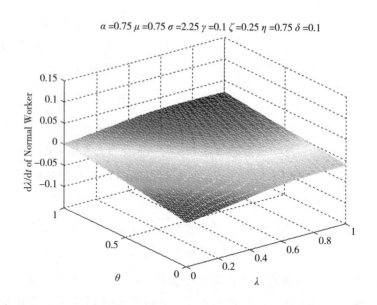

$\alpha = 0.75\ \mu = 0.75\ \sigma = 2.25\ \gamma = 0.1\ \zeta = 0.25\ \eta = 0.75\ \delta = 0.1$

图 3 - 2　传统技术型劳动者迁移行为的动态特征

3.3.2　稳态模拟

如前述理论分析，城镇化空间格局演变过程实际上是劳动力迁移达到稳定时现代产品生产企业的空间均衡状态。从短期来看，劳动者分布格局是相对固定的，对于任意给定的劳动者分布格局 (θ, λ)，总有对应的城市地区市场份额 $s_{ER}(\theta, \lambda)$。由现代产品生产企业迁移行为方程 $s_{NR} = \dfrac{1 + \phi}{1 - \phi} s_{ER} - \dfrac{\phi}{1 - \phi}$，我们可以进一步分析现代产品生产企业的空间分布情况。如图 3 - 3 所示，在低贸易自由度下，即 $\phi < \dfrac{(2\alpha - 1)\sigma - \alpha\mu}{\sigma + \alpha\mu} = 0.2$ 时，对于任意的城市地区市场份额 $s_{ER}(\theta, \lambda)$，城市地区现代产品生产企业的空间分布 s_{NR} 总是介于 0 与 1 之间，这说明在低贸易自由度下，城市地区和农村地区总是有现代产品生产企业分布。如图 3 - 4 所示，在高贸易自由度下，即 $\phi \geqslant \dfrac{(2\alpha - 1)\sigma - \alpha\mu}{\sigma + \alpha\mu} = 0.2$，由 $\left.\dfrac{\phi}{1 + \phi}\right|_{\phi = 0.4} = 0.2857$ 和

$\dfrac{1}{1+\phi}\bigg|_{\phi=0.4}$ = 0.7143 可知，若劳动者空间分布属于 $\{(\theta,$ $\lambda)\,|\,s_{ER}(\theta,\lambda)\leqslant 0.2857\}$，则城市地区现代产品生产企业的空间分布 s_{NR} 小于 0，考虑到现实经济意义，意味着农村地区总是聚集所有的现代产品生产企业；若劳动者空间分布属于 $\{(\theta,\lambda)\,|\,0.2857<s_{ER}(\theta,\lambda)<0.7143\}$，则城市地区现代产品生产企业的空间分布 s_{NR} 介于 0 与 1 之间，意味着城市地区和农村地区总是有现代产品生产企业分布；若劳动者空间分布属于 $\{(\theta,\lambda)\,|\,s_{ER}(\theta,\lambda)\geqslant 0.7143\}$，则城市地区现代产品生产企业的空间分布 s_{NR} 大于 1，考虑到现实经济意义，意味着城市地区总是聚集所有的现代产品生产企业。

从长期来看，劳动者分布格局是不断演变的，呈现由对称分布向城市地区单边聚集的趋势。在此过程中，城市地区的消费支出份额不断提高，市场规模不断扩大，进而带动生产企业向城市地区迁移，因而劳动者最终单边聚集在城市地区的格局也决定了生产企业最终稳定的均衡分布格局。如图 3-3 所示，在低贸易自由度下，城市地区和农村地区的生产企业份额分别为 $s_{NR}(1,1)=\dfrac{1+\phi}{1-\phi}\left(\dfrac{1}{2}+\dfrac{1-\alpha}{2\alpha}+\dfrac{\mu}{2\sigma}\right)-\dfrac{\phi}{1-\phi}$ 和 $1-s_{NR}(1,1)$，根据数值模拟的赋值（$\alpha=0.75$、$\mu=0.75$、$\sigma=2.25$、$\phi=0.1$）可得，低贸易自由度下 83% 的现代产品生产企业最终聚集在城市地区，17% 的现代产品生产企业最终聚集在农村地区。如图 3-4 所示，在高贸易自由度下，由于 $s_{ER}(1,1)\geqslant 0.7143$，城市地区的现代产品生产企业份额 s_{NR} 大于 1，考虑到现实经济意义，高贸易自由度下现代产品生产企业最终完全聚集在城市地区。之所以产生这样的分布格局差异，其原因在于"本地市场放大效应"的差异，即贸易自由度越高，则"冰山"运输成本越低，从而使本地市场规模变化导致的本地现代产品生产企业份额变化越大，对生产企业的聚集作用就越强。因此，对于城市地区同样的市场规模增长，在高贸易自由度下，这种本地市场放大效应更强，现代产品生产企业向城市地区聚集的动力更强，速度更快，在劳动力迁移过程中形成单边聚集状态的时间更早。

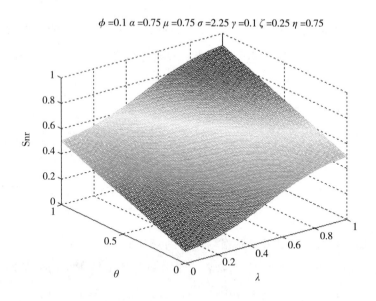

ϕ =0.1 α =0.75 μ =0.75 σ =2.25 γ =0.1 ζ =0.25 η =0.75

图 3 - 3   低贸易自由度下的城乡经济系统均衡

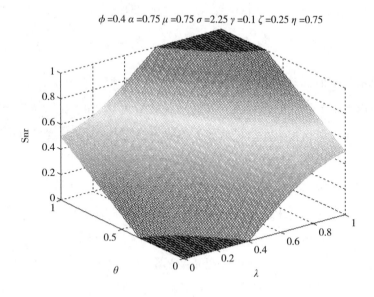

ϕ =0.4 α =0.75 μ =0.75 σ =2.25 γ =0.1 ζ =0.25 η =0.75

图 3 - 4   高贸易自由度下的城乡经济系统均衡

3.3.3　福利模拟

从图 3-5 和图 3-6 可以看出，城市地区传统技术型劳动者和现代资本型劳动者的福利水平，随着城市地区传统技术型劳动者比重的提高而提高，但随着城市地区现代资本型劳动者比重的提高呈现"U"形变化趋势，在对称分布的格局下最低，在完全聚集在城市地区时最高。进一步对各参数模拟表明，现代资本型劳动者比重 α 对劳动者福利水平的影响，在现代资本型劳动者分布格局演变过程中，大致分为两个阶段：城市地区现代资本型劳动者份额小于 0.5 时，现代资本型劳动者比重 α 对城市劳动者福利水平具有负向影响，其强度随着城市地区现代资本型劳动者份额的上升而呈现逐渐衰减的趋势，但总体上大于城市地区现代资本型劳动者份额较高时的正向影响；城市地区现代资本型劳动者份额大于 0.5 时，现代资本型劳动者比重 α 对劳动者福利水平具有正向影响，其强度随着城市地区现代资本型劳动者份额的上升而呈现逐渐增强的趋势，但总体上小于城市地区现代资本型劳动者份额较低时的负向影响。现代产品消费支出比例 μ 对劳

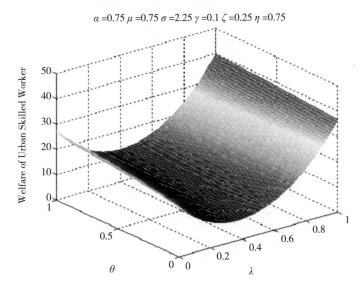

$\alpha = 0.75\ \mu = 0.75\ \sigma = 2.25\ \gamma = 0.1\ \zeta = 0.25\ \eta = 0.75$

图 3-5　城市地区现代资本型劳动者福利水平变化

动者福利水平总是具有正向影响，现代产品替代弹性 σ 和消费者主观贴现率 γ 对劳动者福利水平总是具有负向影响，其强度随着城市地区现代资本型劳动者份额的上升均呈现先减弱后增强的趋势，且城市地区现代资本型劳动者份额完全聚集在城市地区时的影响相对较大。生产资本创新效率 ζ 对劳动者福利水平总是具有正向影响，生产资本扩散强度 η 对劳动者福利水平总是具有负向影响，其强度随着城市地区现代资本型劳动者份额的上升均呈现先增强后减弱的趋势，且城市地区现代资本型劳动者份额接近对称分布时的影响相对较大。同时，农村地区劳动者福利水平变化，呈现出城市地区劳动者福利水平变化的镜像特征。

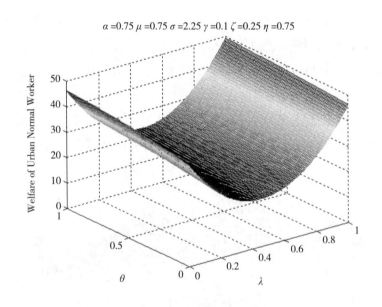

$\alpha = 0.75\ \mu = 0.75\ \sigma = 2.25\ \gamma = 0.1\ \zeta = 0.25\ \eta = 0.75$

图 3-6　城市地区传统技术型劳动者福利水平变化

从图 3-7 和图 3-8 可以看出，城乡传统技术型劳动者之间以及城乡现代资本型劳动者之间的福利差距，随着城市地区传统技术型劳动者比重和现代资本型劳动者比重的提高而扩大，在完全单边聚集的格局下，城乡现代资本型劳动者之间的福利差距大于城乡传统技术型劳动者之间的福利差距。进一步对各参数模拟表明，当城市地区现代资本型劳动者份额低于 0.5 时，现代资本型劳动者比重 α 和现代产品消费支出比例 μ 对城乡劳动者福利差距具有正向影响，现代产品替代弹性 σ、消费者主观贴现率 γ、生产资本创新效率 ζ 和生产资本扩散强度 η 对城乡劳动者福利差距具有负向影响；当城市地区现代资本型劳动者份额低于 0.5 时，现代资本型劳动者比重 α 和现代产品消费支出比例 μ 对城乡劳动者福利差距具有负向影响，现代产品替代弹性 σ、消费者主观贴现率 γ、生产资本创新效率 ζ 和生产资本扩散强度 η 对城乡劳动者福利差距具有正向影响。同时，在现代资本型劳动者对称分布时，各参数对城乡劳动者福利差距均没有影响；在现代资本型劳动者完全单边聚集时，除生产资本扩散强度 η 对传统技术型劳动者福利差距没有影响外，其他参数对城乡劳动者福利差距影响最大。

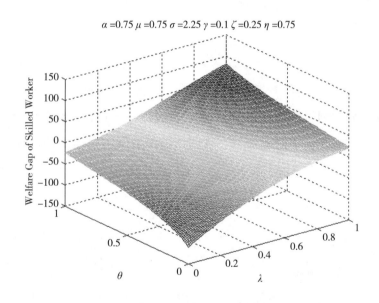

$\alpha = 0.75$ $\mu = 0.75$ $\sigma = 2.25$ $\gamma = 0.1$ $\zeta = 0.25$ $\eta = 0.75$

图 3 - 7 城乡现代资本型劳动者福利差距变化

从图 3 - 9 可以看出，城乡劳动者全局福利随着城市地区传统技术型劳动者比重的提高而提高，但随着城市地区现代资本型劳动者比重的提高呈现 "U" 形变化趋势，在对称分布的格局下最低，在完全聚集在城市地区时最高。进一步对各参数模拟表明，现代产品消费支出比例 μ、生产资本创新效率 ζ 和生产资本扩散强度 η 对城乡劳动者全局福利具有正向影响。在现代资本型劳动者对称分布时，现代产品消费支出比例 μ 的这种影响最

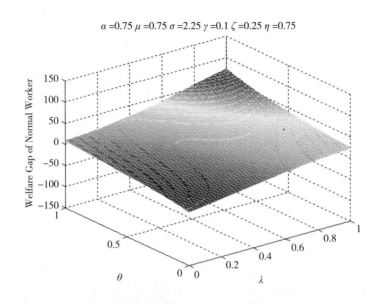

图3-8 城乡传统技术型劳动者福利差距变化

小，生产资本创新效率 ζ 和生产资本扩散强度 η 的这种影响最大；在现代资本型劳动者完全单边聚集时，现代产品消费支出比例 μ 的这种影响最大，生产资本创新效率 ζ 和生产资本扩散强度 η 的这种影响完全消失。现

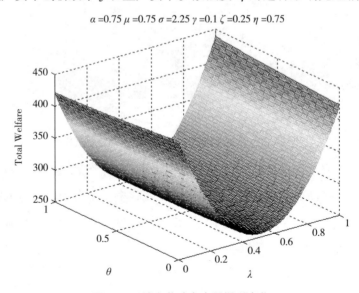

图3-9 城乡劳动者全局福利变化

代资本型劳动者比重 α、现代产品替代弹性 σ 和消费者主观贴现率 γ 对城乡劳动者全局福利具有负向影响。现代资本型劳动者比重 α 的这种影响在任意现代资本型劳动者分布格局下均相同，现代产品替代弹性 σ 和消费者主观贴现率 γ 的这种影响在现代资本型劳动者对称分布时最小，在现代资本型劳动者完全单边聚集时最大。

3.4 金融服务城乡人口迁移的现状分析

3.4.1 城镇化政策实践现状

本章在构建空间动态均衡模型的基础上，还讨论了城镇化空间格局与劳动者福利变化之间的关系。结果表明：从福利水平来看，无论最终形成哪种城镇化格局，相对于劳动者对称分布的空间格局而言，城市地区现代资本型劳动者与传统技术型劳动者的福利水平都是增加的，但农村地区现代资本型劳动者和传统技术型劳动者的福利水平并不是必然提高的。这意味着，只有生产资本增速提高导致的福利增加能够弥补因农村地区生产资本份额下降和农村地区消费支出份额下降造成的福利损失时，农村地区现代资本型劳动者净福利才是增加的；只有因生产资本增速提高导致的福利增加能够弥补因农村地区消费支出份额下降造成的福利损失时，农村地区传统技术型劳动者净福利才是增加的。从福利差距来看，在劳动者由对称分布向城市地区完全聚集的过程中，城乡现代资本型劳动者之间、城乡传统技术型劳动者之间的福利差距都是扩大的，但城乡劳动者全局福利总是增加的。纵观一些工业化国家发展的历程，在工业化初始阶段，农业支持工业、为工业提供积累是带有普遍性的趋向；但在工业化达到相当程度以后，工业反哺农业、城市支持农村，实现工业与农业、城市与农村协调发展，也是带有普遍性的趋向。目前，我国总体上已经到了以工促农、以城带乡的发展阶段。我们应当适应我国经济社会发展新阶段的要求，完善和创新"工业反哺农业、城市支持农村"的体制机制，更加自觉地调整国民收入分配格局,更加积极地支持"三农"发展。

从城镇化政策目标来看,长期以来,我国从中央到地方在很多时候对"城镇化"和"城乡一体化"相提并论,不加区分。但事实上,"城镇化"的政策目标是农村人口向城镇转移,非农产业向城镇聚集。而"城乡一体化"的政策目标是要把工业与农业、城市与农村、市民与农民作为一个整体,促进城乡在规划建设、产业发展、市场信息、政策措施、生态环境保护、社会事业发展的一体化,实现城乡在政策上的平等、产业发展上的互补、国民待遇上的一致。不难看出,"城镇化"政策目标带有明显的单边化倾向,强调城乡经济系统的空间格局以城镇为导向,而"城乡一体化"政策目标带有明显的均等化倾向,从发展的角度来看,更多体现在提高农村公共服务、农业产出能力和农民福利水平。因此,"城镇化"与"城乡一体化"在政策目标方面并不完全一致。从我国的城镇化实践来看,我国从中央到地方都在积极为城市外来务工人员创造更多的就业机会和更好的生活环境,从而增加城市外来务工人员的福利水平,从政策作用方向上来讲扩大了城乡劳动者福利差距,对劳动者向城市地区迁移的内生动力具有强化作用;但同时也从社会和谐出发,积极推进农村和城市公共服务的均等化,从政策作用方向上来讲缩小了城乡劳动者福利差距,对劳动者向城市地区迁移的内生动力具有弱化作用。因此,"城镇化"与"城乡一体化"在政策作用方向是存在一定冲突的,这种冲突只能在城乡发展中加以解决,并把握好城乡福利差距的动态变化,避免出现"农村地区经济停滞""逆城市化"等偏离政策预期轨道的极端局面。

从城镇化政策取向来看,几十年来,中国农业向工业和城镇大规模转移,农业资源大量流向非农业部门,以实现工业化的资本积累和有限资源向工业化的配置和整合。这一现象造成了极不平衡的城乡与工农发展态势,其结果表现为传统农业部门劳动生产率远低于现代非农产业的劳动生产率,以及城市化发展速度严重滞后于工业化发展速度,并由此演变成典型的二元经济结构特征。因此,未来城镇化战略的核心内容是建立真正的一体化市场体系,促进要素的自由流动。从增强内生动力来看,着力提高人口和经济活动向城市地区集聚的正向净效应水平。例如，通常可考虑的政策包括但不限于，疏通流通渠道，减少流通环节，降低流通费用，提高城乡贸易自由度。积极推动城乡技术共享与交流，特别是农业技术集中研发与下乡推广，促进城乡生产资本外溢，充分发挥经济增长效应和支出转移效应。大力开展劳动者职业技能培训，加快传统技术型劳动者向现代资本型劳动者的转变，充分发挥现代资本型劳动者在人口和经济活动空间格局演化过程中更强的循环积累因果作用。目前，农村资源开发利用程度低于城市，因而拥有更多具有较高回报率的投资机会。城乡之间在信息、资本、人才密度方面存在巨大的落差，一旦打开闸门，就会形成"瀑布效应"。这样，城市生产力就能在农村地区创造新的生产力，形成新的经济增长点，从而带动农村地区经济结构、产业结构的现代化和高级化，进而加快农村城镇化进程，使城市效应外溢，城市内部的富余能力逐步向农村反哺，促进城乡要素平等交换和公共资源均衡配置。

从城镇化层次结构来看，目前我国 661 个城市中，50 万人口以下的中小城市就有 533 个，占全国城市的 80.6%，中小城市的人口占全国人口的 59%，但是过去只注重大城市而忽视中小城市的失衡局面，导致一系列问题。一方面，大城市综合承载能力有限，加之交通、住房等生活成本较高，已经成为影响劳动力福利效应的重要负面因素，对劳动力向城市迁移已经产生了明显的弱化甚至逆化效应，近年来出现的"大城市病""逃离北上广"现象就是非常深刻的例证。另一方面，我国中小城市分布广泛，数量众多，已经积累了一定的城镇化基础，具有较大的承载力空间，且生活成本较低，与广大农村地区具有独特的地理邻近优势，对劳动力向城市迁移具有强大的吸引力和广阔的吸纳空间，但普遍面临产业发展落后甚至"产业空心化"的问题，成为制约劳动力转移和吸纳能力的重要因素。因此，要以大城市为依托，以中小城市为重点，逐步形成辐射作用大的城市群，促进大中小城市和小城镇协调发展，不仅可以拓展和提高农村劳动力向城镇转移的内生动力，而且可以缓解大城市在吸纳劳动力转移方面的压力，在避免"大城市病""逆城市化"等方面发挥重要作用。具体而言，进一步开放中小城市户籍管理，并在医疗卫生保障和教育条件等方面推进城乡基本公共服务均等化，提高中小城市公共福利水平。除此之外，大城市与中小城市和小城镇能够良性互动还需要有产业联动为依托和支撑。未来在新型城镇化和城市群体系塑造中，大城市与中小城市应该依据各自的人力资本、资源禀赋以及产业链确定不同的产业分工，形成空间经济合力和内聚力，实现不同城镇化体系的良性互动与均衡发展。

3.4.2 新市民金融服务现状

新市民征信信息缺乏，信用风险成本高。在现有金融体制条件下，金融机构更倾向于为有征信记录或有抵押担保的客户提供信贷服务，而大量新市民是缺少央行征信记录的"白户"，无法完整套用金融机构标准化服务，增加了金融机构的信用风险成本。解决征信缺乏的难题，一是需要多渠道引入新市民信息，加快与征信公司、税务部门、水电企业等单位的信息联通，提高信息获取能力、客户分析能力和风险预判能力；二是需要金融企业创新信用评价工具，开发与优化多维数据信用评价模型，为征信信息缺乏的新市民提供授信准入方案；三是需要不断创新信用金融产品，持续丰富"小额分散"的信用卡产品、消费类信贷、助业类贷款，加强与第三方担保公司、保险公司合作，在降低风险的同时，做好客户服务。

新市民金融规模效应缺乏，运营成本高。新市民的金融需求以小额高频的消费信贷为主，并且新市民群体覆盖面广、流动性强、金融需求差异性大，产品推广难以形成规模效应。如果不能批量获客、规模化开发，将增加金融机构的运营成本，拖累企业边际收益，从而制约金融机构开展新市民服务的意愿。为应对新市民个体成本高、规模效益缺乏的难题，一方面，需要金融机构通过项目制、代发工资、与核心企业合作、数字化场景导流等方式批量获客，降低新市民获客成本，并对新市民客群精准画像，精准把控风险，降低对抵（质）押物和担保公司的依赖，提高金融服务效率及规模效应；另一方面，需要金融机构探索建立专业队伍、专属产品、专项服务的综合配套机制，提升新市民金融服务的专业水平及获益能力。

新市民金融产品缺乏针对性，供需不匹配。新市民具有个人信用消费贷、住房信贷、创业贷款、财富管理、医疗及养老保险等需求，而当前针对新市民开发的专属金融产品缺乏，服务的覆盖面不足，还无法满足新市民的多元金融需求，尚未建立贯穿全生命周期的金融产品与服务体系。一方面，需要商业银行整合现有面向新市民的金融服务产品，加大宣传推荐力度，并加强产品的适应性分析；另一方面，需要银行、保险等多类型金融机构共同参与产品设计、定价管理、协议制定等，根据各类新市民群体的特点，开发针对性的定制化金融产品。金控集团包含银行、证券、保险等多元业态，针对新市民的需求能够提供一揽子多元化的金融解决方案。金控集团发挥自身经营优势，深入推进新市民金融服务工作，有利于优化资源配置、降低成本、丰富和完善金融服务体系。

3.5　金融服务城乡人口迁移的创新实践

新市民服务将开辟金融发展"新蓝海"。作为城市化过程中规模扩张最快、发展潜力最大、消费增长最强劲的群体，新市民在融入城市的过程中，面临租房买房、医疗、教育、消费、养老等各类现实需求，成为刺激总需求、破解"三重压力"、稳经济大盘的重要基础。同时，3亿新市民是实现中等收入群体提质扩容的主力军，将为零售金融等业务创造更多机遇。从长远来看，新市民具有高成长性，尤其是以年轻化、高学历化为特征的新市民在城市定居意愿强，随着该群体家庭财富的不断积累，财富管理需求日益增长，将释放巨大的市场潜力。当前，新市民日益融入数字化平台的生态网络，随着数字普惠金融的发展，通过多维度数据挖掘新市民的信用潜力成为可能，也将为金融机构带来新的发展机遇，造就金融发展"新蓝海"。

近期，围绕新市民创业、就业、住房、医疗、养老等需求，多家金融机构陆续推出新市民专属金融服务方案，加快布局新赛道，呈现出以下特点。

制订专属方案，打造新市民金融服务体系。建设银行出台了"服务新市民金融行动方案"，在创业就业、住房安居、一老一小、医疗保障和基础金融服务等方面，打造多项专属权益的综合服务体系，构建贯穿新市民全生命周期的金融服务；工商银行面向新市民推出了"1＋3＋X"专属金融服务体系，以专属介质为依托，重点围绕安居、创业、医疗三大核心场景，以及养老、就业、教育和金融素养提升等 X 项延伸场景，为新市民提供优质金融服务；中国银行发布普惠金融支持新市民十条措施，为重点创业人群、稳岗企业提供信贷支持；农业银行推出"521"新市民综合金融服务方案，为新市民提供"五大保障、双驱助力、一体化优质基础金融服务"；平安集团将"新市民"及相关客群作为未来重要的战略性客群，创新推出涵盖保险、理财、融资、养老在内的一揽子新市民专属产品和绿色通道，并联合第三方共同发布《2022 年新市民金融服务白皮书》；光大集团出台十方面 24 条服务支持举措，包括特色普惠信贷、养老保障和普惠理财、缴费服务等方面的措施，助力新市民创业就业、安居乐业。

重视数字技术运用及场景生态构建。数字化平台正在依托其场景特质与平台属性，赋能新市民的城市生活，各金融机构借助数字技术，提高新市民金融服务效率。工商银行着力增强安居、创业、医疗三大核心场景及 X 项潜在场景的金融服务。建设银行加大对新市民就业贡献较多的市场主体的信贷支持，运用互联网思维和数字化经营理念破解小微企业信息不对称、缺少抵押物难题，建立"批量化获客、精准化画像、自动化审批、智能化风控、综合化服务"，以及"一分钟"融资、"一站式"服务、"一价式"收费等模式，提供全链条多场景供应链金融服务。平安银行推出"AI＋T＋OFFLINE"（AI 人工智能＋远程线上专员＋线下智能网点及理财经理）模式，借助数字化技术和综合能力，通过数字化金融为新市民提供"一站式"的消费金融体验，通过 AI 技术让消费金融产品能更精准和高效地触达新市民群体。光大银行重点围绕企业、政府机构、交易平台、互联网平台、特色行业五大普惠生态链发展场景金融。

依托业务特色与优势，聚焦重点领域发力。工商银行积极发挥点多面广优势，着眼新市民跨区域流动强、综合需求多元化、重点需求突出等特点，推出线上新市民 App 专区，以及线下布局近 1.6 万家"工行驿站"。建设银行发挥住房租赁金融领域的品牌优势，为了让新市民住得起、住得稳、住得好，加强保障性住房建设的信贷支持，优化个人住房贷款业务流程。农业银行发挥深耕"三农"业务特色，推广"工薪宝"农民工工资监管代发平台、"民工薪融"、农民工专属"筑福卡"等产品。平安银行强化数字技术赋能，拓展 AI 技术在新市民金融服务领域的运用，并依托其"综合金融+医疗健康"的资源优势，打造数字化服务平台和行业解决方案，提供专业的"金融顾问、家庭医生、养老管家"服务。光大银行发挥财富管理优势，为新市民提供养老保障和普惠理财，发挥"光大云缴费"作为全国领先的开放便民缴费平台优势，开展新市民缴费服务。

3.6　金融服务城乡人口迁移的政策建议

做好新时代新市民金融服务是践行"国之大者"的重要体现，也是布局新赛道的新实践。金融机构既需勇担重任，也需着力培育竞争优势，深耕新市民金融服务"新蓝海"。

依托银行现有产品，优化组合方式，形成更具竞争力的产品组合拳。一是加大对新市民的融资、财富管理、生活便利等需求研究，依托银行已有的普惠信贷、专属信用卡、定制主题卡、普惠理财、便民缴费等产品，进一步做好客群精准定位，结合新市民特性及风险偏好，优化产品组合方式。二是加强对已有产品的跟踪分析，以及与同业同类产品的对比分析，以提升产品的开发、营销、管理水平，形成更具市场竞争力的产品组合拳。

充分发挥多种金融机构的能动性，打造贯穿新市民生命周期的解决方案。一是充分发挥银、证、保、信等多种金融机构的能动性，探索开展多机构合作，提升产品设计和管理能力，打造贯穿新市民生命周期的产品谱系。二是整合个人金融产品、信贷服务、理财服务、保险服务、养老服务等资源，围绕新市民创业、就业、住房、教育、养老、基础金融服务等重点领域，提供一揽子有效衔接的普惠金融服务举措，打造新市民专属金融服务体系。

加快推进经营模式数字化转型，强化数字化场景获客、产品设计及风险控制。一是推进大数据、云计算、人工智能、区块链等先进科技应用，赋能产品销售、设计及服务模式创新，为新市民提供完整、有针对性的解决方案，赋能新市民的城市生活。二是提高平台化、场景化、批量化等获客能力，整合自身的场景布局，并审时度势与外部优质场景进行联合，广泛拓展线上场景。三是优化风控技术手段，加快构建全面、精准、穿透、开放、前瞻的现代化智能风控体系，扩大新市民线上业务风险排查覆盖面。

提升潜在战略客群品牌认可度，打造高质量新市民金融服务新典范。一是加强新市民客群的战略布局。深挖新市民金融服务潜力并培养潜在战略客群，增强新市民客群的黏性，提升该客群的品牌认可度。二是紧密结合"国之所需""民之所盼"，为新市民提供高质量金融服务，探索新时代满足人民对美好生活向往的金融服务新模式，携手共铸共同富裕新标杆。

第4章 金融服务乡村振兴：基于农村土地流转视角

4.1 农村土地流转及其金融问题研究综述

近些年，由于"三农"问题对我国经济发展的影响越来越突出，农村资金融通渠道与农业现代化进程中所需资金缺口越来越大，我国很多学者对农地金融方面的研究逐渐变多，这对于我国能够尽快出台适合我国农村经济发展的土地政策具有重大意义。

关于在我国建立农地金融制度必要性与可行性的研究。所谓农村土地金融，即为农村地区土地与金融关系的结合和相互衍化。罗剑朝（2005）认为："农地金融制度是农业土地经营者以其拥有的土地产权向金融机构融资的行为关系的总和，它是市场经济条件下农村土地制度以及农村金融体系的重要组成部分。"金融的主要功能就是融通资金，农村土地金融作为金融的一个分支，简称农地金融，指一系列以农村土地为基础的资金融通和信用活动，是农业金融体系的重要组成部分。农地金融制度根本性地强化了农村土地资源的使用价值，最大限度地发挥了农地的财产功能，使农户能够把土地作为一项固定资产进行抵押并流通，可以起到聚集社会分散资金、拓展农民融资渠道、弥补对农村财政投入不足等作用。作为解决我国农村地区资金难题的重要途径，农地金融制度的合理构建与完善对于促进我国农业发展，改变当前农村经济的落后局面具有重要的理论和现实意义。

在关于是否应该尽快促进农村土地流转的问题上，大多数学者都认为在我国建立一套以农地经营权抵押为主要特征的农地金融制度对于农业和农村的崛起具有重要的理论和实践意义。例如刘奇（2014）指出若要破除我国农村地区资金短缺的瓶颈，必须"以农地作抵押进行融资，让静态的土地'流'起来，使沉睡的资源'活'起来"；尤荣（2009）在详细分析德、美、日、意等发达国家的土地金融成功经验后，指出"建立土地融资制度是我国经济金融发展的必然趋势"；尹云松（1995）认为建立以农地经营权抵押为主要特征的现代农地金融制度是我国进行土地改革的重点；韩莉（2014）从我国的土地特点、农村金融组织体系条件、政府支农实力和实践经验等方面详细论述了我国已经具有发展农地金融的条件，并指出想要推进我国新型城镇化不断发展，离不开农地金融的大力支持；者贵昌、朱霁（2011）在仔细分析我国农村金融服务现状之后指出探索发展农地金融的新思路和建立农地金融的紧迫性；罗剑朝（2010）认为农民资金短缺、农村金融发展落后已经成为制约我国农业产业化、国际化和新型城镇化的突出问题，并进而指出应该积极稳妥推进农地金融创新构建现代农村金融体系。尽管现在学术界主流观点是开展农地金融具有必要性和紧迫性，但也有一些学者和社会人士认为农地金融的实施需要谨慎和缓行。在党的十七届三中全会召开后，中央财经领导小组办公室副主任、中央农村工作领导小组办公室主任陈锡文明确表示，把土地承包权、宅基地和农民房产作为抵押是"不现实的"，一个重要原因就在于"中国社会保障体系尚不完善，必须避免农民'失地、失业、失住房'的情况发生"。学者姜新旺（2007）也认为农业的弱质性导致的高风险加上农村社会保障的落后和农业保险的滞后很可能会使农业风险最终转化为社会风险和伦理道德风险，因而他不赞成目前在我国开展农地金融。

关于农地金融现实困境的研究。我国农地金融虽然相比 20 世纪已经有了很大发展，国内试点也不断涌现，一定程度上发挥了土地流转对农村经济发展的作用，但由于种种因素的约束，农地金融在我国的发展速度一直很低下，不能完全发挥其促进土地资源合理配置的作用。因此，国内不少学者对我国农地金融的环境进行了大量分析和探讨，而主要观点是认为现行有关的法律制度、农地金融配套设施不完善和农民意愿等是我国农地金融现行的主要障碍。一是农地金融的法律配套条件不完善。我国现行的法律中除《家庭承包法》规定土地承包权可以作为抵押外，更高效力的《担保法》和《物权法》均没有对农地流转进行全面认可，政府出于社会稳定的考虑对农地金融的态度也没有实质性改变。郑兴明（2009）指出农地抵押缺乏法律的保护和政策的扶持是农地金融的中心环节也是其面临的首要障碍。刘奇（2014）认为法律对农地金融的限制主要表现在三个方面：农地产权主体不明晰、法律法规对农地作为抵押标的物严格限制、法律对宅基地和农房抵押的限制。中国人民银行泉州市中心支行课题组认为农地产权主体虚置和产权不明晰以及法律对农地使用权的抵押是当今农地金融面临的主要障碍。而黄少安（2010）则指出我国现在的土地产权权能不足与农村金融贫乏之间存在恶性循环，并利用比较静态分析的方法得出结论：土地产权尤其是使用权能的保护和经营期限的延长都会促进农村经济发展。二是其他配套措施落后。农地金融作为一个复杂的组织体系，要正常的运转必须有与其相互配套的体系和设施为之服务，不然将会寸步难行，而不少学者通过调查研究却发现我国在这方面非常落后。惠献波（2013）指出城乡社会保障制度呈现的二元化局面使农民对土地的依赖性增大，与此同时，他还指出土地价值评估体系不完善和融资运作机制落后直接影响我国农地金融的效率；邹新阳、王贵彬（2012）认为我国的农业保险缺失加大了农地耕作的风险，进而降低了金融机构和土地承包者参与土地金融的积极性，而农业保险缺失主要表现为我国的险种设计和险种管理落后、财政扶持不力两个方面；郭家虎、于爱芝（2010）在论述我国土地承包经营权抵押面临的约束条件时指出我国农村土地尤其是耕地具有社会保障和粮食安全的多重责任，而这些责任无疑会约束农地完全按照市场引导的方向流转；杨涛（2010）则指出相对于城市而言，我国的农村地区信用环境不理想，对土地金融的开展形成了威胁。三是农民参与农地金融的意识不足。农民作为参与农村金融的主体之一，其意愿强弱在一定程度上决定着农地金融是否能顺利开展。近年来，越来越多的学者开始注重农民意愿对农地流转的重要性，主要研究了影响农民参与农地金融意愿的因素。例如，王志斌、靳聿轩通过调查山东省临沂市农民金融教育情况发现，当地农民关于农地金融认识严重不足，农民金融教育体系不健全，制约了农地金融创新和发展；吴洁敏、乔宇（2010）则通过对大连、绍兴两地的专项调查发现大部分农户由于对农地金融制度缺乏认知，参与农地金融的意愿较低，并且得出农户的经济来源、资金状况、贷款状况、还款预期等因素是影响农户参与农地金融意愿的主要因素；赵帅、董继刚（2014）调查研究了山东省 17 个地市，运用二元 Logistic 回归模型得出结论：农户的家庭、受教育程度、耕地规模以及对政策的满意度是农民是否参与农地经营权抵押贷款的主要影响因素。

关于农地金融创新方式的研究。针对我国土地金融面临的上述问题和障碍，学者们各抒己见，提出了各自的意见和创新途径，而在以下方面基本达成共识：破除法律障碍，奠定农地金融产权基础（肖艳霞，2007）；完善农村社会保障制度，降低农民对土地依赖性（惠献波，2013）；实行农村综合金融方式，化解农地金融风险（刘卫柏和李中，2012）；建立农地评估体系，科学确定土地价值（罗剑朝，2010）。在农地金融的组织体系设计上，学者们研究得较多，也出现了不同的意见，可大多数学者都不赞成近期成立专门的土地金融机构，例如，李爱喜（2005）指出建立土地银行成本极高，不符合效率原则，而农业银行的改革方向和市场定位以及农业发展银行的实力都不适合承担农地金融业务，因而他认为农村信用社是约束条件下开展农村金融的最优解；罗剑朝（2010）和阮小莉等（2011）也认为近期宜将农村信用社作为开展农地金融的机构，再适时成立土地银行或者土地金融公司。邹新阳等（2012）却持不同意见，认为农业银行、农业发展银行和农村信用社从资产规模和信贷能力来看都具有承担农地金融的能力，并倡议将部分农村合作社改组为土地银行；黄桂英（2010）则认为农村信用社不能独自承担农地金融业务，需要与农业发展银行配合运作。此外，随着我国农地金融的发展，一些学者提出了更加高级的金融模式，比如黄少安、赵建（2010）按照金融化程度高低提出的三种金融模式（土地信用合作社、土地融资租赁、土地证券化）中，土地融资租赁是一种创新的方式，既可以保证农民使用土地又能获得额外资金支持，进而促进经济的增长；周萍（2014）基于国内外土地银行的实践，提出构建土地信托银行的可能性，并搭建了土地信托银行的运行模式，为我国农地金融探寻出另一条有效途径；刘卫柏、李中（2011）则提出了筹建农村土地流转信托基金的金融模式，以期达到改变过去农业收益或投资开发的无目的性、短期性特点的目的。

4.2　金融助推农村土地流转的理论分析

4.2.1　模型的基本假设

农地抵押贷款的贷前决策过程实际上是借贷双方协调博弈的过程。协调博弈是寻求参与者对不同策略组合取得相同偏好的博弈，要想在多个纳什均衡中找到唯一解，依赖博弈参与者之间对选择相同行为秉持充分相似的信念。在农地抵押贷款中，贷款业务能否顺利开展取决于农业经营主体和金融机构能否通过行动协调，一致做出办理贷款业务的贷前决策，假定博弈参与者农业经营主体和金融机构均为有限理性，且两者的贷前决策过程是通过不断学习和模仿来做出最优策略选择的过程，具体假设如下：

（1）农业经营主体。农业经营主体作为农地抵押贷款的需求方，其贷前决策的策略空间为（申请贷款，不申请贷款）。农业经营主体用于抵押的农地承包经营权价值为 L；申请贷款成本为 C_f（包括资料费、担保费、评估费、交通费、人情开支等）；贷款抵押率为 α，获得的贷款额度为 αL；利用贷款进行农业生产活动的投资回报率为 i；农业经营主体从地方政府处获得的贷款贴息率为 ε；农业经营主体贷款经营失败，无力偿还贷款的概率为 β。

（2）金融机构。金融机构是农地抵押贷款的供给方，其贷前决策的策略空间为（发放贷款，不发放贷款）。金融市场的基准贷款利率为 r；金融机构实际贷款利率为 r_b；金融机构开办农地抵押贷款业务发生的管理成本为 C_h；办理具体农地抵押贷款项目时产生的信贷成本为 C_b（包括贷前调查、贷中监督、贷后监管所发生的费用）；金融机构参与农地抵押贷款业务获得的政策性收益率为 E（包括税费减免、实施弹性存贷比考核等）；当银行无法收回农地抵押贷款时，地方政府、担保公司或保险公司分担的贷款坏账比例为 δ。

根据以上假设，得到农业经营主体和金融机构的贷款决策组合的四种情况：

（1）农业经营主体申请贷款，金融机构发放贷款

农业经营主体的收益为：

$$U_1 = (1 + \alpha)(1 - \beta)iL - C_f - \alpha(1 - \beta)(r_b - \varepsilon r)L - \alpha\beta r_b L$$

金融机构的收益为：

$$U_2 = \alpha r_b(1 - \beta)L - \alpha\beta\delta L - C_b - C_h + E$$

（2）农业经营主体申请贷款，金融机构不发放贷款

农业经营主体的收益为：

$$U_3 = (1 - \beta)iL - C_f$$

金融机构的收益为：

$$U_4 = -C_b$$

（3）农业经营主体不申请贷款，金融机构发放贷款

农业经营主体的收益为：

$$U_5 = (1 - \beta)iL$$

金融机构的收益为：

$$U_6 = -C_h + E$$

（4）农业经营主体不申请贷款，金融机构不发放贷款

农业经营主体的收益为：

$$U_7 = (1 - \beta)iL$$

金融机构的收益为：

$$U_8 = 0$$

据此得到农业经营主体和金融机构的博弈支付矩阵（见表 4 - 1）。

表 4 - 1　　　　　　　　　农业经营主体和金融机构收益矩阵

		金融机构	
		发放贷款	不发放贷款
农业经营主体	申请贷款	U_1，U_2	U_3，U_4
	不申请贷款	U_5，U_6	U_7，U_8

4.2.2　博弈的动态复制方程

根据 TAYLOR 等提出的复制动态模型构建思想，假设农业经营主体中采用申请贷款和不申请贷款策略的比例分别为 x 和 $1-x$；金融机构中采用发放贷款和不发放贷款策略的比例分别为 y 和 $1-y$，其中，$x = x(t)$ 和 $y = y(t)$ 都是时间 t 的函数，其函数值随时间的推移而发生变化，则采用申请贷款策略的农业经营主体期望收益为：

$$R_{11} = yU_1 + (1 - y)U_3 \qquad (4-1)$$

采用不申请贷款策略的农业经营主体期望收益为：

$$R_{12} = yU_5 + (1 - y)U_7 \qquad (4-2)$$

农业经营主体的混合策略的平均期望收益为：

$$\overline{R}_1 = xR_{11} + (1 - x)R_{12} \qquad (4-3)$$

同理，采用发放贷款策略的金融机构期望收益为：

$$R_{21} = xU_2 + (1 - x)U_6 \qquad (4-4)$$

采用不发放贷款策略的金融机构期望收益为：

$$R_{22} = xU_4 + (1 - x)U_8 \qquad (4-5)$$

金融机构的混合策略的平均期望收益为：

$$\overline{R}_2 = yR_{21} + (1 - y)R_{22} \qquad (4-6)$$

因此根据式（4-1）和式（4-3）可得到农业经营主体的复制动态方程为：

$$dx/dt = x(R_{11} - \overline{R}_1) = x(1 - x)\left[C_f - L\alpha y(i - r_b - \beta i - \beta r\varepsilon + r\varepsilon)\right]$$

$$(4-7)$$

根据式（4-4）和式（4-6）可得到金融机构的复制动态方程为：

$$\mathrm{d}y/\mathrm{d}t = y(R_{21} - \bar{R}_2) = y(y-1)[C_h - E - L\alpha x(r_b - \beta\delta - \beta r_b)]$$

$$(4-8)$$

将式（4-7）和式（4-8）联立即可得到农地抵押贷款演化博弈的二维动力系统模型，为求得博弈的均衡点，根据微分方程的稳定性定理，

令 $\mathrm{d}x/\mathrm{d}t = 0$，解得：

$$x_1 = 0, x_2 = 1, y^* = \frac{C_f}{L\alpha(i - r_b - \beta i - \beta r\varepsilon + r\varepsilon)}$$

令 $\mathrm{d}y/\mathrm{d}t = 0$，解得：

$$y_1 = 0, y_2 = 1, x^* = \frac{C_h - E}{L\alpha(r_b - \beta\delta - \beta r_b)}$$

据此，得到农地抵押贷款演化博弈的五个均衡点：（0，0）、（0，1）、（1，0）、（1，1）、(x^*, y^*)。对联立的微分方程组中式（4-7）和式（4-8）分别求关于 x 和 y 的偏导数得到博弈动态系统的雅可比矩阵为：

$$J = \begin{bmatrix} (2x-1)[C_f - L\alpha y(i - r_b - \beta i - \beta r\varepsilon + r\varepsilon)] \\ L\alpha x(1-x)(i - r_b - \beta i - \beta r\varepsilon + r\varepsilon) \\ L\alpha y(y-1)(\beta\delta - r_b + \beta r_b) \\ (2y-1)[C_h - E - L\alpha x(r_b - \beta\delta - \beta r_b)] \end{bmatrix}$$

对于均衡点（0，0），其矩阵行列式的秩 $det(J)$ 和迹 $trace(J)$ 如下：

$$det(J) = C_f(C_h - E)$$

$$trace(J) = E - C_f - C_h$$

对于均衡点（0，1），其矩阵行列式的秩 $det(J)$ 和迹 $trace(J)$ 如下：

$$det(J) = (E - C_h)[C_f - L\alpha(i - r_b - \beta i - \beta r\varepsilon + r\varepsilon)]$$

$$trace(J) = C_h - E - C_f + L\alpha(i - r_b - \beta i - \beta r\varepsilon + r\varepsilon)$$

对于均衡点（1，0），其矩阵行列式的秩 $det(J)$ 和迹 $trace(J)$ 如下：

$$det(J) = C_f[E - C_h + L\alpha(r_b - \beta\delta - \beta r_b)]$$

$$trace(J) = E + C_f - C_h + L\alpha(r_b - \beta\delta - \beta r_b)$$

对于均衡点（1，0），其矩阵行列式的秩 $det(J)$ 和迹 $trace(J)$ 如下：

$$det(J) = [C_f - L\alpha(i - r_b - \beta i - \beta r\varepsilon + r\varepsilon)][C_h - E - L\alpha(r_b - \beta\delta - \beta r_b)]$$

$$trace(J) = C_f + C_h - E - L\alpha(i - \beta i - \beta\delta - \beta r_b - \beta r\varepsilon + r\varepsilon)$$

对于均衡点（x^*，y^*），其矩阵行列式的秩 $det(J)$ 和迹 $trace(J)$
如下：

$$det(J) =$$

$$\frac{C_f(E - C_h)\left[C_f - L\alpha(i - r_b - \beta i - \beta r\varepsilon + r\varepsilon)\right]\left[C_h - E - L\alpha(r_b - \beta\delta - \beta r_b)\right]}{\alpha^2 L^2(i - r_b - \beta i - \beta r\varepsilon + r\varepsilon)(r_b - \beta\delta - \beta r_b)}$$

$$trace(J) = 0$$

4.2.3　博弈的演化稳定分析

根据 FRIEDMAN 提出的雅可比矩阵稳定性的判定准则，当且仅当均衡
点满足秩 $det(J) > 0$ 且迹 $trace(J) < 0$ 时，均衡点才是系统的演化稳定点。
判断各均衡点对应秩 $det(J)$ 和迹 $trace(J)$ 的正负符号，需要两两比较 C_f
与 $L\alpha(i - r_b - \beta i - \beta r\varepsilon + r\varepsilon)$，$C_h - E$ 与 $L\alpha(r_b - \beta\delta - \beta r_b)$ 的相对大小。

对于农业经营主体而言，通过比较 C_f 与 $L\alpha(i - r_b - \beta i - \beta r\varepsilon + r\varepsilon)$ 的大
小决定是否申请农地抵押贷款，其中 C_f 为申请贷款成本，$L\alpha(i - r_b - \beta i - \beta r\varepsilon + r\varepsilon)$ 是农地抵押贷款用于农业生产经营的期望净收益；对于金融机构
而言，通过比较 $C_h - E$ 与 $L\alpha(r_b - \beta\delta - \beta r_b)$ 的大小决定是否办理农地抵押
贷款业务，其中 $C_h - E$ 为办理农地抵押贷款业务需支付的净成本，$L\alpha(r_b - \beta\delta - \beta r_b)$ 为发放农地抵押贷款的期望收益。

以上两组表达式的比较结果可以组合成四种情形，四种情形的均衡点
类型如表 4 - 2 所示，表 4 - 2 中"/"表示迹 $trace(J)$ 值无法判定正负号，
此时根据秩 $det(J)$ 值判断均衡点是否稳定。

情形一：$L\alpha(i - r_b - \beta i - \beta r\varepsilon + r\varepsilon) > C_f$ 且 $L\alpha(r_b - \beta\delta - \beta r_b) > C_h - E$

此时，农业经营主体贷款经营收益大于贷款成本，金融机构发放贷款
的期望收益大于业务成本，系统存在 5 个均衡点（0，0）、（0，1）、（1，0）、
（1，1）、（x^*，y^*），从表 4 - 2 中可以看出系统存在两个稳定点（0，0）
和（1，1），点（0，0）表示农业经营主体不申请贷款，金融机构不发放贷
款，点（1，1）表示农业经营主体申请贷款，金融机构发放贷款。

表 4 - 2 　　　　　　　　　　　　均衡点类型判别

	(0, 0)	(0, 1)	(1, 0)	(1, 1)	(x^*, y^*)
$trace(J)$	-	/	+	/	0
$det(J)$	+	-	-	+	-
稳定性	稳定	不稳定	不稳定	稳定	不稳定

情形二：$L\alpha(i - r_b - \beta i - \beta r\varepsilon + r\varepsilon) < C_f$ 且 $L\alpha(r_b - \beta\delta - \beta r_b) > C_h - E$

此时，农业经营主体的贷款经营收益小于贷款成本，金融机构发放贷款的期望收益大于其业务成本。在此条件下，$y^* > 1$，因此不存在混合策略均衡，系统存在 4 个均衡点 (0, 0)、(0, 1)、(1, 0)、(1, 1)，从表 4 - 3 中可以看出系统存在唯一稳定的均衡点 (0, 0)。在此情形下，不同初始值 (x , y) 经过演化最终都会收敛于 (0, 0)，说明尽管金融机构愿意发放农地抵押贷款，但农业经营主体在实践中认识到贷款的成本高于收益，从而逐步退出农地抵押贷款市场。当农业经营主体申请贷款的概率降低到一定水平，金融机构也会因为无业务可做而搁置农地抵押贷款业务，最终形成农业经营主体不申请贷款，金融机构不发放贷款的稳定状态。

表 4 - 3 　　　　　　　　　　　　均衡点类型判别

	(0, 0)	(0, 1)	(1, 0)	(1, 1)	(x^*, y^*)
$trace(J)$	-	/	+	/	无混合策略均衡
$det(J)$	+	-	+	-	
稳定性	稳定	不稳定	不稳定	不稳定	

情形三：$L\alpha(i - r_b - \beta i - \beta r\varepsilon + r\varepsilon) > C_f$ 且 $L\alpha(r_b - \beta\delta - \beta r_b) < C_h - E$

此时，农业经营主体的贷款经营收益大于其贷款成本，金融机构发放贷款的期望收益小于贷款业务成本。在此条件下，$x^* > 1$，因此不存在混合策略均衡，系统存在 4 个均衡点 (0, 0)、(0, 1)、(1, 0)、(1, 1)，从表 4 - 4 中可以看出系统存在唯一稳定的均衡点 (0, 0)。在此情形下，不同初始值 (x , y) 经过演化最终都会收敛于 (0, 0)，说明尽管农业经营主体有意愿申请农地抵押贷款，但金融机构出于成本收益考虑，不开办农地抵押贷款业务，或通过设置各种门槛，提高农业经营主体的贷款成本，当农业经营主体发现贷款无门或贷款无利可图时，申请贷款意愿会逐步下降，最终形成与情形二类似的农业经营主体不申请贷款，金融机构不发放贷款的稳定状态。

表 4 - 4　　　　　　　　　　　　均衡点类型判别

	(0, 0)	(0, 1)	(1, 0)	(1, 1)	(x^*, y^*)
$trace(J)$	-	+	/	/	无混合策略均衡
$det(J)$	+	+	/	/	
稳定性	稳定	不稳定	不稳定	不稳定	

情形四：$L\alpha(i - r_b - \beta i - \beta r\varepsilon + r\varepsilon) < C_f$ 且 $L\alpha(r_b - \beta\delta - \beta r_b) < C_h - E$

此时，农业经营主体的贷款经营收益小于贷款成本，金融机构发放贷款的期望收益小于业务成本。在此条件下，$x^* > 1$ 且 $y^* > 1$，因此不存在混合策略均衡，系统存在 4 个均衡点 (0, 0)、(0, 1)、(1, 0)、(1, 1)，从表 4 - 5 中可以看出系统存在唯一稳定的均衡点 (0, 0)。在此情形下，不同初始值 (x, y) 经过演化最终都会收敛于 (0, 0)，说明农业经营主体和金融机构在贷款无利可图的情况下都会退出农地抵押贷款市场，从而形成农业经营主体不申请贷款，金融机构不发放贷款的稳定状态。

表 4 - 5　　　　　　　　　　　　均衡点类型判别

	(0, 0)	(0, 1)	(1, 0)	(1, 1)	(x^*, y^*)
$trace(J)$	-	/	/	+	无混合策略均衡
$det(J)$	+	-	-	+	
稳定性	稳定	不稳定	不稳定	不稳定	

从以上分析可以看出，四种情形的均衡点 (0, 0) 都是系统的稳定点，即农业经营主体不申请贷款，金融机构不发放贷款的策略组合均处于稳定状态，各地在启动农地抵押贷款探索和试点之前就处于这种稳定状态。但是在这种稳定状态下，农村的资源、资金、资产难以盘活，农业生产的中长期及规模化经营的资金需求难以得到满足。农地抵押贷款试点的开展标志着国家着手推动农地抵押贷款由消极的稳定状态点 (0, 0) 向积极的稳定状态点 (1, 1) 演化。从情形一到情形四的分析可以看出，只有

在农业经营主体和金融机构两者的贷款收益都大于成本的情况下，点（x，y）才有可能向积极的稳定点（1，1）的方向演化。

4.3　金融助推农村土地流转的实证分析

4.3.1　数据来源

本书使用的数据来自中国人民银行重庆营业管理部农村承包土地的经营权抵押贷款试点调研项目，数据采集年份为 2017 年，涵盖重庆市 10 个农村承包土地的经营权抵押贷款试点区县，82 个村（居）委会，具有较好的代表性。

4.3.2　变量选取

在研究土地流转时，已有文献大多以土地流转决策作为被解释变量。因此，本书借鉴已有文献的做法，同样将农户的土地流转决策作为被解释变量。农户土地流转决策为虚拟变量，包括土地转出和土地转入，假定农户进行了土地流转则等于 1，否则等于 0。

本书的核心解释变量为金融覆盖面、信贷可得性和劳动力配置，已有文献对于金融发展的代理变量的选择较为丰富，但大多体现的是区域层面的金融发展，不能体现农户层面的金融发展。本书选择农户"持有银行卡数量"作为衡量金融覆盖面的代理变量。通常来讲，金融发展程度更高的农村地区，金融资源对农村的覆盖程度越高，农户所能获得的金融服务更加便捷，因而农户办理的银行卡数量越多。选择"是否有农业生产经营贷款"作为衡量信贷可得性的代理变量。通常来讲，土地流转后的农业现代化生产，往往需要大规模的资金投入，金融发展有助于缓解土地流转和土地流转后农业发展的融资约束，为土地流转提供信贷支持，进而促进土地转入。选择农户的"工作性质"作为衡量劳动力配置效应的代理变量。通常来讲，金融发展程度的提高可以促进非农产业的发展，推动农户非农就业，农户从农业转移到非农产业后，农村土地资源出现闲置并产生一定的机会成本，将闲置的土地转出不仅可以实现土地的价值，同时可以提高农户的财产性收入，从而推动农村土地转出。

除此之外，解释变量还包括家庭特征控制变量、土地特征控制变量。其中家庭特征控制变量有是否担任村干部、年龄、教育程度、婚姻状况、政治面貌和工作性质；土地特征控制变量包括耕地质量、土地是否适用机械化操作。同时，为了尽可能减少遗漏变量导致的估计结果偏误，本书借鉴汪险生和李宁（2021）的设定，进一步控制农村土地是否得到确权颁证，农村居民是否有民间借贷以及是否经历过土地征收。

表 4 - 6 报告了变量的描述性统计分析。可以看出，土地流转的均值为0.2024，即调查样本进行土地流转的农户占比 20.24%，总体土地流转发生率相对较低。

表 4 - 6　　　　　　　　变量说明与描述性统计分析

变量名称	变量定义	均值	标准差
被解释变量			
土地流转决策	1 = 是；0 = 否	0.2024	0.3480
土地转出	1 = 是；0 = 否	0.0880	0.2504
土地转入	1 = 是；0 = 否	0.1176	0.2832
核心解释变量			
金融覆盖面	1 = 是；0 = 否	0.9320	0.3648
信贷可得性	1 = 是；0 = 否	0.1000	0.2407
劳动力配置	1 = 农业；0 = 非农	0.2792	0.3808
家庭特征控制变量			
村干部	1 = 是；0 = 否	0.0400	0.1744
教育程度	1 = 文盲；9 = 博士	2.1888	1.1064
政治面貌	1 = 党员；0 = 其他	0.0352	0.1656
征地经历	1 = 有；0 = 无	0.0760	0.2344

变量名称	变量定义	均值	标准差
民间借贷	1 = 有；0 = 无	0.0696	0.2256
土地特征控制变量			
农地确权	1 = 是；0 = 否	0.3208	0.3920
耕地质量	1 = 非常好；5 = 非常差	2.1712	0.7904
机械化操作	1 = 适用；2 = 不适用	1.1824	0.3992

4.3.3 模型设定

本书设定基本计量模型如下：

$$TDLZ_i = \beta_0 + \beta_i X_i + \alpha_i Y_i + \gamma_i Z_i + u_i$$

$$TDZR_i = \beta_0 + \beta_i X_i + \alpha_i Y_i + \gamma_i Z_i + u_i$$

$$TDZC_i = \beta_0 + \beta_i X_i + \alpha_i Y_i + \gamma_i Z_i + u_i$$

其中，$TDZR$、$TDZC$ 分别表示土地转入和土地转出，X、Y、Z 分别为核心解释变量矩阵、家庭特征控制变量矩阵和土地特征控制变量矩阵，β、α、γ 分别为核心解释变量、家庭特征控制变量、土地特征控制变量对土地流转以及土地转入、土地转出的影响，u 是残差项。

4.3.4 回归结果

表4-7报告了土地流转、土地转入、土地转出的计量模型回归结果。其中，第（1）列和第（2）列分别是未控制农户个体固定效应以及控制农户个体固定效应后核心解释变量对农户土地流转决策的系数估计值；第（3）列和第（4）列分别是未控制农户个体固定效应以及控制农户个体固定效应后核心解释变量对农户土地转入决策的系数估计值；第（5）列和第（6）列分别是未控制农户个体固定效应以及控制农户个体固定效应后核心解释变量对农户土地转出决策的系数估计值。

表 4 - 7　　　　　　　　　　　　回归结果

变量名称	土地流转		土地转入		土地转出	
	（1）	（2）	（3）	（4）	（5）	（6）
金融覆盖面	0.0074***	0.0074*	0.0018	0.0018	0.0055***	0.0055*
	（3.3138）	（1.6137）	（0.9918）	（0.5152）	（3.5806）	（1.6459）
信贷可得性	0.02932	0.02932	0.0805	0.0805	-0.0096	-0.0096
	（6.7874）	（5.7393）	（16.4706）	（13.8298）	（0.6638）	（0.6914）
劳动力配置	-0.0221	-0.0221	0.0874	0.0874	-0.1067	-0.1067
	（2.8345）	（2.2540）	（13.7255）	（11.5248）	（18.8793）	（14.0622）
村干部	-0.0276	-0.0276	0.0202	0.0202	-0.0442	-0.0442
	（1.9688）	（0.9651）	（1.7710）	（0.8078）	（4.2486）	（2.3212）
教育程度	-0.0018	-0.0018	-0.0074	-0.0074	0.0046	0.0046
	（0.6458）	（0.4968）	（2.9210）	（2.2770）	（2.1252）	（1.6155）
政治面貌	0.0221	0.0221	-0.0064	-0.0064	0.0258	0.0258
	（1.2816）	（1.2779）	（0.4425）	（0.4609）	（2.0433）	（1.9550）
征地经历	0.0028	0.0028	0.0120	0.0120	-0.0055	-0.0055
	（0.2466）	（0.1260）	（1.1840）	（0.5962）	（0.5722）	（0.2981）
民间借贷	0.0018	0.0018	0.0920	0.0920	-0.0911	-0.0911
	（0.1840）	（0.0920）	（9.0151）	（3.8585）	（10.0648）	（8.8743）
农地确权	0.0083	0.0083	0.0175	0.0175	-0.0055	-0.0055
	（1.1123）	（0.5603）	（3.0636）	（1.5382）	（1.0865）	（0.5538）
耕地质量	-0.0138	-0.0138	0.0028	0.0028	-0.0184	-0.0184
	（3.6404）	（1.8483）	（0.8354）	（0.4223）	（6.6323）	（3.3608）
机械化操作	-0.0607	-0.0607	-0.0405	-0.0405	-0.0221	-0.0221
	（8.3794）	（4.1924）	（6.8071）	（3.3856）	（4.1832）	（2.1261）
个体固定效应		已控制		已控制		已控制
_cons	0.4540	0.4540	0.2900	0.2900	0.1820	0.1820
	-18.8390	-12.1490	-14.5300	-9.0640	-10.2910	-6.8480
R^2_a	0.0080	0.0080	0.0270	0.0270	0.0430	0.0430
F	10.3340	3.4010	32.8960	16.1950	53.3180	22.5450
	（0.1840）	（0.0920）	（9.0151）	（3.8585）	（10.0648）	（8.8743）

注：***、**、*分别代表在1%、5%、10%置信水平下显著。

从估计结果可以看出，在未控制农户个体固定效应的情形下，金融覆盖面对农户土地流转决策的系数估计值为 0.0074，在 1% 水平下显著；进一步控制农户个体固定效应后，具有相同的系数估计值，在 10% 水平下显著。一方面，具体到金融覆盖面对农户土地转入决策而言，不论是否控制农户个体固定效应，系数估计值均为 0.0018。另一方面，具体到金融覆盖面对农户土地转出决策而言，在未控制农户个体固定效应的情形下，系数估计值为 0.0055，在 1% 水平下显著；进一步控制农户个体固定效应后，具有相同的系数估计值，在 10% 水平下显著。由此表明，金融覆盖面对农户土地转入和土地转出的决策均具有积极影响。对比来看，金融覆盖面对农户土地转出的系数估计值大于其对土地转入的系数估计值，即金融覆盖面的要素配置效应大于信贷供给效应。可能的原因在于，中国农业生产率长期低于工业生产率，导致城乡收入差距较大。尽管金融发展可以通过转入土地一定程度上实现土地的碎片化生产向规模化经营转变，但其所带来的收入增长仍然低于农户非农就业的收入效应。对于理性农户来说，更有可能通过金融发展转出土地以追求家庭收入最大化。因此，金融覆盖面在促进土地流转中表现出更加有助于土地转出的性质。

从估计结果可以看出，金融覆盖面和信贷可得性对土地转入的估计值均为正。尽管金融覆盖面对土地转入的边际影响未通过显著性检验，但信贷可得性对土地转入的估计值在 1% 水平下显著，表明在促进土地转入中，信贷支持是重要的作用路径。可能的原因在于，不同于以往小农生产中的土地流转，在契合农业现代化发展的要求下，农村土地流转的规模和面积通常更大，对资本的要求也更高，尤其是土地流转后的农业现代化生产，往往需要大规模的资金投入，金融发展有助于缓解土地流转和土地流转后农业发展的融资约束，为土地流转提供信贷支持，进而促进土地转入。

从估计结果可以看出，金融覆盖面和劳动力配置对土地转出的系数估计值分别为 0.0055 和 −0.1067，均在 1% 水平下显著，即金融发展显著推进了农户从农业转移到非农产业，而农户的非农就业进一步推动了农村土地转出。因此，金融发展通过劳动力要素配置促进农村土地流转的作用路径得到验证。

4.4 金融服务农村土地流转的现状分析

4.4.1 农村土地流转的金融需求分析

（1）农村土地流转金融需求的主体。农村土地流转金融需求的主体主要有农户、农民合作经济组织和农业企业等。

农户包括农民个体和农民集体，他们当中有的是专业户或者有一定规模的专业种养大户。农户资金需求是一种短期、小额、零散、缺乏抵押担保条件、需要非常及时灵便的金融需求。

农民专业合作经济组织是农民在自愿基础上建立的，以对成员提供服务为宗旨，以生产经营活动为纽带，以销售、加工环节的合作为重点，以维护成员利益、增加成员收入为目的，实行自主经营、自负盈亏、自我管理、自我积累的经济组织。农民专业合作经济组织主要包括农民专业协会、农民专业合作社、农民股份合作公司、行业协会、农村经纪人队伍等。新型农民合作经济组织基本涵盖了种植业、畜牧业、渔业、加工业等农村各个产业，能够在满足农民多样化的服务需求、有效抵御市场风险、促进专业化生产和产业结构调整、推进农业产业化经营等方面发挥积极作用。

大规模从事农业生产的农业企业，既可以是生产加工企业，也可以是中介组织、专业批发市场等流通企业。农业企业不同于一般的工商企业，它肩负有开拓市场、创新科技、带动农户和促进区域经济发展的使命，能够带动农业和农村经济结构调整和商品生产发展，推动农业增效和农民增收。农业企业中的龙头企业同时要具有市场开拓能力，能够进行农产品深精加工，为农民提供系列化服务，带动千家万户发展商品生产走市场的能力。

（2）农村土地流转金融需求的特征。农村土地流转前的贷款对象主要是单个农户，贷款金额较小，贷款期限较短，贷款风险较分散，贷款方式主要是信用贷款。土地流转后,这些金融需求特征将会发生明显的变化。

农村土地流转前农田承包到户、分散经营的模式决定了农民、农户的资金需求不大,即使一些季节性临时需要,一般也以民间资金互助为主,直接向信用社借款的比例很小。农村土地流转后使农业经济主体规模化、产业化经营得以实现,农业层次不断得到提升,农业生产资料的外延将进一步扩展,资金需求会明显扩大,经营者靠自有资金已无法满足生产需要;同时,由于信用相对集中,经营者已无法走传统的民间互助之路。因此,向农村信用社融资将成为主要选择。

农村、农民贷款抵押难、保证难一直是我国农户贷款难、信用社放款难的症结。农地流转后农业集中、规模经营使农业经济主体数量大大减少,贷款需求更集中,这些主体大多缺少资本原始积累,符合信贷条件的可抵押资产很少。而现行政策使土地使用权无法办理抵押;在保证方面,客观上不具备替规模经营保证的能力。因此,农村贷款抵押难、保证难的矛盾将更加突出。

农业是弱势产业,农业生产的先天特点是受自然界的干扰较大,抗御自然灾害的能力十分有限,这导致农村信用社的风险控制难度将会进一步加大。传统的自然农业贷款金额小,信贷管理相对简单,而现代农业的产业化、规模化、科技化,使贷款金额大,风险相对集中。因此,信贷人必有较强的市场意识和市场分析、判断、预测能力,以助于正确的信贷决策,这对农村信用社的经营素质也提出了更高的要求。随着农村土地流转推进速度快、土地使用权市场化发育程度不断提高,使农村信用社贷款超比例、风险过于集中的问题将进一步显现。

(3)农村土地流转金融服务的要求。农业规模经营是农村深化改革中涌现出来的又一新生事物,它使金融支农从贷款范围、对象、条件以及贷款投向和投量上都带来了许多新的情况,提出了更新、更高的要求。

农村土地流转改革后,转入土地的农民大多要进行规模化农业种植或从事养殖业,转出土地的农民有相当一部分从事运输、农产品深加工等产业。现有的小额信贷、保证人贷款、联保贷款额度低、期限短,对土地的规模化经营和产业化经营提供的支持明显力度不够，农民急需大额抵押担保贷款。探索利用流转土地的经营权进行抵押，开发新型信贷产品，为土地流转改革提供有力的金融支持已成为越来越现实的问题。

农村土地流转改革对现代化的结算方式需求将越来越高。土地流转改革后，规模化经营使农村资金流量逐渐放大，现有的农村支付体系中存在的现金结算量大且不及时、票据使用率低以及未设置 ATM、POS 机等问题，已经严重制约了农村经济发展。

农村土地流转改革对农业保险需求越来越迫切。土地流转改革后，农业产业化、规模化程度进一步提高，但由于农业生产抗御自然风险的能力较低，经营风险进一步加大，因此，农户对农业保险的需求越来越迫切。而目前农业保险发展较为缓慢，主要原因有：一是由于风险过大；二是因为灾害损失程度和范围、理赔比例难以确定。

农村土地流转改革对农村信用保护体系建设提出了较高要求。土地流转改革及由此带来的农业生产产业化、集约化必然提出较高的信贷需求，而目前农村信用保护体系薄弱，在一定程度上影响信贷投放和土地流转的顺利进行。

（4）农村土地流转的"金融需求抑制"。"金融需求抑制"即由于专业大户、农业企业等金融需求主体自身金融借贷的需求强度不足，导致贷款意愿低，从而导致农村土地流转投资不足。

对于土地流转而言，由于很多因素的制约，导致其投资需求强度不足。所谓投资强度，即投资者对投资的意愿水平和投资动机，以及由此产生的对投资利益的预期和追求。给定农村金融供给不变，则需求强度决定投资者的融资行为和投资意向。需求强度高，则形成较高的投资意愿，并促使其融资行为产生；需求强度低则弱化投资意愿，并形成"融资惰性"。我国农村生产性投资在农户投资结构中的比重不断下降，表明农户等土地流转金融需求主体的生产性投资意愿正在弱化，投资需求强度很低。农户的金融借贷需求强度低这种现象背后，存在很多社会、经济、体制和政策方面的原因。这里对这几个因素逐一进行分析。

首先，就社会角度而言，农民在剧烈的社会制度变迁过程中面临着更多的风险和不确定性，其对未来的预期更加不稳定。在我国农村社会保障体系还未完善的情况下，农户面临的生存问题是多方面的，如医疗问题、教育问题和赡养老人问题等，这些问题的大量存在导致农户的投资意愿减弱，需求强度必然不足。

其次，土地流转投资需求强度不足还有经济性原因。农业投资如同一切投资一样，首先要考虑追求较高的经济效益，但是农业与非农业相比，长期处于弱质微利的状态，很难激发农民投资于农业的积极性。同时从市场方面来看，随着市场经济的发展，农户面临着更多的选择，农业已经不是唯一的投资选择，在这种情况下，农户的投资将基本根据收益最大化的原则进行，计算多种因素对其预期收益的影响。当某些因素的作用可能会影响到其投资的预期收益时，农户就会作出改变投资的行为。因此，农户在市场经济下的收益最大化的选择动机以及农村市场多元化的现实条件下，其在农业方面的投资资本需求强度不足，也就不难理解。

再次，土地流转投资需求强度不足还有体制层面的原因。体制内的正规金融部门在提供金融服务时，对于农户而言，交易成本过高，交易规则约束太强，因此减弱了农户向正规金融机构借贷的意愿。而一些非正规的金融机构以及各种友情借款则具有方便灵活的特点，容易被农民所接受。体制方面的原因还包括社会保障制度的不健全、国家财政体系和国家产业投资体系变革条件下农村投资的事权界定不明等。

最后，土地流转投资需求强度低还有政策方面的因素。政策给投资主体一种预期。稳定的政策给投资主体一种稳定的长期预期，诱使投资主体进行长期投资；相反，如果政策变动性大，会给投资主体一种很不稳定的预期，从而会减少其长期投资行为。在政策方面，最大的制约来自国家的土地政策。国家农地制度尽管在一定程度上释放了农业生产力，重构了我国的农业微观经济基础，但是缺陷也是不容忽视的。先行农地制度很容易导致规模不经济、农业粗放式经营以及掠夺式投资，更为严重的是，由于国家农地政策的不确定性和农地缺乏流动性，导致农户对未来的投资收益预期不稳，这极大地制约了农户的长期投资行为，导致其投资需求强度不高。

　　总之，从土地流转金融需求视角来分析，可以有针对性地反省在农村经济发展和金融发展中的政策与体制，发现其中影响农户投资意愿的制约因素，从而进行有效的改进，以促进农村土地流转。

4.4.2　农村土地流转的金融供给分析

　　党的十七届三中全会明确提出农村土地承包经营权可以进行流转，这对于农村金融机构意义重大。农村土地流转不仅在扩大农业生产规模效益、有效防止农村土地撂荒、提高土地利用效益和增加农民收入等方面产生了积极作用，也为农村金融的发展开辟了广阔空间。而我国现有的金融政策、信贷品种、金融服务方式等方面又与土地流转后的金融需求存在诸多矛盾，需要认真分析原因，寻求解决途径。

　　（1）农村土地流转金融供给的主体。经过多年的农村金融体制改革与发展，我国现阶段形成了由正规金融和非（准）正规金融机构组成的农村金融组织体系。正规金融体系主要包括中国农业银行、中国农业发展银行、农村合作金融机构。商业化改革之后的农业银行撤并了大量基层机构，资金也大量流向城市以及收益较好的地区和企业。1994年成立的政策性银行——中国农业发展银行是农村金融体制改革中为实现农村政策性金融与商业性相分离的重大措施，农村信用合作社是农村正规金融机构中向农村和农业经济提供金融服务的核心力量，目前已成为支农的"主力军"。部分农村商业银行与农村邮政储蓄是其他农村金融正规机构。

　　（2）农村金融对农村土地流转的效应。在农村土地流转的过程中，农村金融效率即农村金融运作能力起着关键的作用。农村金融效率的高低决定着农村金融发挥作用的成本和作用力的强弱，很大程度上决定着土地流转速度的快慢、流转效率的高低。如今，农村金融已渗透到农村土地流转，其影响力越来越大。土地流转中的资金流动有赖于金融媒介机构，后者的发达程度直接影响到资金流动的流畅乃至实物流动的效率。金融部门在社会资金流动过程中居于核心地位。同时，金融部门的扩大和缩小以及金融部门在结构上的调整，都会对经济总量或结构产生或大或小的影响。国内外的土地流转表明，资金运行是现代农村土地流转的传送带。在农村资金运行中，农村金融机构和农村金融市场起着关键的作用。如果农村金融机构和金融市场有着较高的效率，就能够最大限度地促使农村资金从盈余部门向短缺部门转移，使农村储蓄转化为投资。反之，储蓄不能全部转化为投资，其差额是闲置储蓄，这意味着社会生产潜力没有得到充分运用。农村金融机构和农村金融市场的运作状况以及效率高低决定着储蓄向投资的转化数量和质量，从而决定着农村土地流转速度和规模。由于农村金融服务水平的高低，直接影响了农村土地流转效益。从根本上说农村金融发展的长期趋势是由农村的社会经济基础所决定的。农村金融效率的提高，取决于现代农村土地流转变化的适应力，以及它们自身改革的能力。

（3）农村土地流转的资本流入效应。从改革开放之初实行家庭联产承包责任制为农业农村注入活力，到农业农村农民的"三农"问题开始出现及一度日趋严重，既有农地产权制度改革滞后的原因，也有城乡二元结构改革滞后的原因。但是，如果从市场经济发展的内在逻辑看，"三农"问题的实质是中国农业农村缺乏资本流入机制。随着工业化与城市化进程的加快，资本主要是向城市与工业领域流入，不仅资本不向农业农村流入，而且农民农村的资本还不断流出。因此，从根本上解决"三农"问题，建设社会主义新农村，必须建立与完善农业农村的资本流入机制。农村土地使用权流转的最大意义或最大作用，就是可以吸引更多的资本流入农业农村。从各地农村土地使用权流转的模式看，虽然存在差别，但是都能带动三个方面的资本向农业农村流动。

吸引农村居民的资本向农业农村流动。农地流转的经济学效应是在更大范围以更好的方式配置资源，其直接效果是吸引更多"农村能人"愿意从事农地的规模经营。一家一户的农地家庭承包可以调动农民积极性，但是，无法实现农业耕种方式向规模化、机械化转变。而"农村能人"通过农地经营权流转，取得更多农地的使用权后，就要进行资本投入，这些资本投入，既有自己的直接出资，也有其他形式的间接出资。当然，在一段时间内，这种资本流动的规模不可能太大。但是，一旦农地流转配套政策继续出台，就会吸引更多农村居民的资本向农业农村流动。

引导社会资本向农业农村流动。农地流转不仅会吸引"农村能人"关注并参与农地的大规模经营，而且会吸引从事其他领域的投资者关注农业农村所可能出现的投资机会。相对于"农村能人"更关心农业耕种方式转变的投资，从事工业化与城市化投资的人，或许更关心农业园区、农业生态园区、农村宅基地置换等领域的投资。从目前的调查看，现在有大量非农资本都在关注并研究农地流转所带来的投资机会。如果农地流转具体政策与配套制度能够到位，许多非农资本会不断向农业农村流动。

促使政府加大对农业农村的资金投入。农地流转所产生的农业耕种方式转变、宅基地置换新居住房屋等现象，都要求政府给予配套的资金支持。这种配套的资金支持主要集中在两个方面：一是农业农村水利道路等基本建设和农村居民集中居住点配套的基础设施建设；二是农业农村保险机制建立的支持投入。需要强调指出的是，由于自然和社会综合作用的影响，中国已经进入气候灾害频发期，而气候灾害频发期对农业及农村经济的影响相对更大。因此，各级政府要通过财政预算支出，支持农业农村建立灾害保险机制。

（4）农村土地流转给金融业带来难得的发展机遇。只有让土地使用权流动起来，才能实现土地生产经营规模化、土地效益最大化。农村土地流转的主要方式是土地向专业农户集中，形成规模经营。农业生产的家庭承包制都是分散经营模式，农业生产效率低下，是回报率最低的行业。实现了规模经营，就可以提高效率，吸引更多优秀的人才留在农村，为农业可持续发展提供保障。土地流转的高级方式是"公司+股份+合作"。大规模从事农业生产的农业企业对土地的流转采用租赁，农民以土地入股等相联系的模式。原来是从事农业生产的农民转为雇用工人，将产生特色农业、科技农业、品牌农业为重点的现代农业。产生合同、单种养业，形成高效农业和外向型农业，从而加快农村产业结构调整步伐。所有这些土地的有序流转，农业现代化进程的加快，都需要金融业的有力支持。

实现农村土地承包经营权的规模流转，有利于在农民资金融通活动中发挥重要作用。对于农村金融机构来说，意味着债权的保障程度得到提高，市场空间得以拓展。同时，对于农村金融机构来说，土地流转还意味着农业结构的调整，农村金融机构可以主动与地方政府和涉农部门沟通，结合当地实情，及时调整信贷计划，创新服务方式，充当农民土地流转的"加油站"。随着土地流转市场的完善，多种形式的适度规模经营得以发展，一些有条件的地方发展起来的专业大户、家庭农场、农民专业合作社等规模经营主体，可能相对更容易获得贷款支持，因为金融机构为较大规模的客户提供服务的交易成本相对较低。因此，金融业发展将面临一个巨大的潜在市场和新的难得的历史发展机遇。

土地是农民最基本的生产资料，大量农民的土地流转出去以后，他们就必然要寻找新的出路。一部分农民会留在当地做雇用工人，或者就地创业，主要是为当地的工农业生产服务的上下游产业，更大一部分农民就会告别效益低下的土地，从而实现大量的劳动力向二、三产业转移。这一过程，创业者需要金融业的资金支持和窗口指导，大量劳动力向二、三产业转移，需要进行技术培训和人才需求信息。土地的流转已经成为不可阻挡的潮流，金融业应该担当起时代赋予的责任和使命。

4.4.3　农村土地流转的金融供需矛盾分析

我国目前农村土地流转基本由农户自发进行，还没有专门性的促进土地集中的金融支持政策，而现有的农村金融在贷款总量、贷款结构和制度设计等诸多方面不适应土地流转的实际需要。

（1）农业贷款总量不能满足农村土地流转的需求。农村土地流转后的规模经营需要进行大量投资，比如土地整理、大型农业机械设备购买、农业基础设施建设等需要大量的资金，但现有农村金融对农业贷款的总量不够，难以满足农业生产规模经营投资的要求。我国目前农村的金融体系由中国农业银行、农业发展银行、农村信用社和邮政储蓄银行构成。但农业发展银行主要为国家粮棉收购服务，资金封闭运行，并不对农户发放贷款；由于国有银行商业化改革以及农业利益比较低，中国农业银行信贷重心不断向城市倾斜，对农业贷款不断减少；农村信用社对农业贷款已占金融机构对农业贷款的大部分比例，是对农业贷款的主力军，但根据农村信用社对农户贷款、存款业务数据发现，农信社似乎更多的是从农村抽走资金，且贷存比近年有不断降低之势，长期以来我国邮政储蓄银行只吸收存款，不发放贷款，成为农村资金外流的重要途径。由此可见，现有农村金融机构涉农贷款总量不能满足土地流转的要求，无法满足农户大规模扩大生产的需要。

（2）贷款结构不能满足农村土地流转的需求。通过土地流转扩大生产规模的固定投资一般期限长，规模大，贷款投向相对集中，而目前农业贷款结构却与这些要求不适应。现有的农业贷款期限短，多为春放秋收。贷款投向主要集中在日常生产经营上，对固定资产投资贷款不够，贷款也比较分散。贷款规模小，信用社大多规定贷款规模控制在 2000～3000 元/笔。由于贷款期限短、投向分散、规模小，农村金融的主要机构——农村信用社的贷款不能适应土地流转所需投资期限长、投向集中、规模大的要求，从而不能发挥土地流转金融支持的作用。

（3）贷款需求规模大与抵押担保难的矛盾。土地流转一般是指土地的出租、转包、入股、抵押、担保等交易活动。而以土地承包经营权为抵押的融资方式就目前而言缺乏法律依据，容易产生法律纠纷，现行的信贷管理体制对土地承包经营权抵押都采取了限制措施，农民缺少有效的可供抵押物，土地流转就无法得到金融的支持，金融约束与土地流转的现实需要显然不相适应。土地流转速度的加快使大规模农地经营的信贷需求也随之不断增大，目前 5 万元以下的小额信用贷款已远远不能满足业主的规模经营需要，而金融机构大额贷款要求借款人必须提供足额的担保或抵押。按照《物权法》的规定，农民、业主拥有的承包土地经营权以及集体土地、农村房产等农村最主要的资产不能作为抵押物。同时，由于农业的高风险性，商业性担保公司涉农担保的意愿普遍不强。

（4）土地流转后贷款需求期限中长期化与银行现行贷款期限约束的矛盾。土地流转前，农户贷款的期限多为1年，1年以内的贷款基本能满足种粮农户的生产要求。土地流转后，因贷款需求的多样化以及作物种植方向的调整，贷款期限大多需要1年甚至3年以上。如农户承包大量土地进行果树等经济作物的种植，由于苗木生长期多为4~5年，所以贷款期限最少也应当为5年，农民才有收益用于归还贷款。如果贷款期限在1年以内，势必会影响正常的生产，也为银行收回贷款本息增加了难度。

（5）土地流转后经营主体及其资金需求的多样化与基层金融机构信贷产品的单一性的不适应。通过土地流转农业生产规模需要在农业机械设备、基础设施建设等方面进行大量投资，也就是说相对农业生产需要更多的资金。然而，目前农村金融供给仍然是农村信用社在唱"独角戏"，且针对农户的信贷品种主要是小额信用贷款、联保贷款和担保贷款等少数几种。同时，土地流转后，业主的经营范围不仅涉及农业产业经营等多个领域，而且扩展到工业、旅游业等产业，贷款的需求呈现多样化的特征。目前，金融机构的缺乏和信贷品种的单一，很难满足土地流转后经营长期大额的、多样化的资金需求。

（6）贷款利率的市场定价与土地流转后贷款利率优惠存在矛盾。农民非常关注贷款利率水平，因为贷款利率的高低是影响土地流转后农户生产效益的重要因素之一，金融机构贷款利率按市场定价，而现阶段国家对土地流转方面的贷款尚未制定优惠利率政策，金融机构贷款利率市场化与土地流转后农户需要优惠利率存在着矛盾。

（7）土地流转后经营风险增大与农业保险发展滞后存在矛盾。农业生产受自然条件影响较大，自然灾害的不可抗性使农业保险具有高风险、低收益的特征，造成我国农业保险发展滞后、农业保险品种不足、保险覆盖率较低。土地流转后农业的规模化经营进一步扩大，农业经营风险也将进一步加大，农业经营风险从宏观层面上看主要是自然风险。农业具有高风险特征，随着土地流转后农业规模化经营扩大。特别是农业种植中不可抗拒的自然灾害，对业主带来的风险将进一步加大。目前在县域一级的基层设立保险公司的主要是中国人寿股份有限公司和中国人民财产保险股份有限公司，这两家保险公司针对农业的险种由于农业生产的不确定性而寥寥无几，这对于促进农村土地流转、促进新农村建设是极为不利的。这些造成农业保险发展滞后与农业产业风险相对较高的矛盾。

4.5　金融服务农村土地流转的创新实践

4.5.1　基础模式

直接抵押贷款基础模式是指土地经营者将其土地经营权直接抵押给金融机构从而获取贷款以满足其农业生产所需的一种模式。在此模式下，土地经营者与金融机构签订农村土地经营权抵押合同。此运作主要有四个阶段，第一阶段为抵押人提出申请阶段，即有贷款需求的土地经营权人向金融机构提出贷款申请；第二阶段为金融机构审查阶段，金融机构在收到抵押人的申请后，聘请第三方价值评估机构或者自行对土地经营权价值进行审查并进行风险评估，风险评估包括贷款申请人的还款能力、生产经营状况等；第三阶段为办理抵押登记阶段，此阶段一般要求抵押人及抵押权人一同向土地管理部门进行抵押登记，确认抵押物的权属是否清晰、面积大小以及抵押时间等问题，按照《农村土地承包法》第四十一条关于登记条件的限制及效力的规定，土地经营权流转期限超过五年才符合办理抵押登记的条件；第四阶段为放款阶段。

总体来说，直接抵押贷款模式主要存在于土地经营收益较高的地区，理由在于此模式对于金融机构风险较大，在无其他机制进行风险分担的情况下，只有在土地经营收益较高的地区采用此种模式才能激发金融机构的放贷积极性。但由于土地经营权价值实现面临较大困难，金融机构在面对抵押人违约风险时实现其抵押权的可能性较小，直接抵押贷款模式在实践中往往以政府设立的风险基金兜底，在发展中将逐渐与其他方式融合。

4.5.2 反担保抵押贷款模式

反担保抵押贷款模式中有一类重要的主体便是土地合作社。当土地合作社成员向金融机构提出贷款申请后，土地合作社作为担保人为社员的贷款提供担保，社员又以其入股合作社的土地经营权为合作社提供反担保。

此模式有以下五个阶段：第一阶段，入股加入土地合作社。本阶段要求农业经营主体将其土地经营权入股到土地合作社，成为土地合作社成员。由于土地在农村承担着生存保障功能，故此处入股的土地经营权一般要求农户必须留下其生活保障所需，以保证农户在出现贷款违约时土地经营权被流转后不影响其基础生存。第二阶段，向金融机构提出贷款申请。此阶段由社员向金融机构提出贷款申请，合作社为成员的贷款提供担保，金融机构对贷款申请人与担保人的资质及土地经营权的权属、面积、贷款额度等进行审核评估，并与社员签订抵押贷款协议，与合作社签订贷款担保协议。第三阶段，签订反担保协议。社员向金融机构提出贷款申请，合作社要求社员与其签订抵押担保协议，形成反担保关系。第四阶段，放款阶段。第五阶段，违约处理阶段。当土地合作社成员无法按照约定偿还贷款时，土地合作社作为保证人将对此笔贷款承担连带责任，作为保证人的土地合作社，代为偿还贷款以后，有权处置土地合作社成员抵押给其的土地经营权以保护自己的权益，常见的处置方式，即将土地经营权进行流转，受让方一般限于土地合作社内部成员。

反担保抵押贷款模式中，土地合作社一般是由村集体组织成立，土地合作社成员一般就是本村集体的农村土地承包户，这样的制度设计一方面遵循了农村土地集体所有制的法律规定；另一方面使农户在加入土地合作社过程中更加放心地将土地经营权抵押给土地合作社，最大限度地刺激农户的贷款需求。此外，从土地合作社的风险分担层面来讲，土地合作社成员贷款后出现违约事由时，由于合作社成员均来自同一村集体，土地合作社可以将其抵押的土地经营权进行内部流转，有利于土地合作社保障自身权益；从金融机构风险控制层面来讲，由于有了土地合作社的担保，当贷款农户无法偿还贷款时，土地合作社要代为偿还贷款，这样的机制大大降低了金融机构的风险。在反担保抵押贷款模式中，金融机构不用直接面对如何实现抵押权这个问题，缓解了其直接处置土地经营权的困境，有利于提高金融机构的放贷积极性。但在实践操作中，此种模式缺乏较为有效的监管机制。

4.5.3　产权组合抵押贷款模式

产权组合模式的本质在于扩大抵押物的范围，使物权呈现多元化模式，从法理角度分析，产权组合模式是将农村土地经营权抵押贷款法律关系中抵押权的效力范围进行扩张。在农村土地经营权抵押贷款实践过程中，由于农村金融市场存在征信体系缺失、信息不对称和缺乏有价值抵押物等困境，金融机构所面临的风险较大，导致其放贷积极性较低。此模式的本质在于通过扩大抵押权效力范围，降低金融机构风险。

具体来说，传统的农村土地经营权抵押贷款法律关系中，抵押权的效力范围仅包括属于土地经营权人并且其办理过抵押担保的土地经营权，但在产权组合模式下，抵押权的效力范围包括土地经营权、属于土地经营权人的地上附着物、预期收益以及农机具所有权等。此模式并不是凭空产生，而是具有一定的理论基础与实践基础的。在理论层面，可以参照《民法典》第三百九十六条："农业生产经营者可以将现有的以及将有的原材料、产品等进行抵押"。故抵押人在进行土地经营权抵押时，可以参照有关动产浮动抵押的规定将地上农作物或附着物一并进行抵押。理由在于，从主体上来看，可以设定浮动抵押的主体包括农业生产经营者；从抵押财产的范围上来看，可以设定浮动抵押的财产仅限于生产设备、原材料、半成品和产品，故可知地上农作物或附属物也在其范围内。此外，还可参照《民法典》第三百九十七条，关于"房地一体"抵押的规定来看，土地经营权抵押时，农业配套设施等地上附着物也可一并进行抵押。在实践层面，以云南省农村信用联社富民支行为代表的多家金融机构在办理土地经营权抵押贷款时都将抵押权的效力范围进行了扩张，从金融机构风险防范的角度来说，这也是符合其运作规律的。

4.5.4　土地经营权抵押协会贷款模式

土地经营权抵押协会贷款模式中核心的组织就是土地经营权抵押协会。土地经营权人之间组织成立土地经营权抵押协会，加入土地经营权抵押协会的土地经营权人需要以土地经营权入股，并与协会签订抵押协议。当土地经营权抵押协会成员有资金需求向银行等金融机构提出贷款申请时，由协会为有资金需求的会员提供贷款总担保，作为协会"股东"的其他会员提供二次担保。土地经营权抵押协会贷款模式较为精细和规范，当贷款会员出现违约无法偿还贷款时，协会中担保会员对贷款会员所入股到土地经营权抵押协会中的土地经营权享有优先购买权，一方面大大降低了金融机构的回款风险，另一方面尽力规避了违约风险出现后土地经营权流转所面临的困境。

具体来说，土地经营权抵押协会贷款模式主要有以下步骤：第一，成立土地经营权抵押协会。土地经营者成立土地经营权抵押协会，这里的土地经营者既包括农村集体土地承包户，也包括通过流转方式获得土地经营权的农业经营者等，其中土地经营权抵押协会承担着担保人的角色。第二，入会成为协会会员。土地经营者以土地经营权入股并与协会签订抵押协议。第三，会员间签订抵押协议形成多户联保，此步骤与土地经营权人互保循环贷款模式中的互保环节相似，主要是进一步降低土地经营权抵押协会及金融机构的风险。第四，土地经营权抵押协会会员向金融机构提出贷款申请，在此步骤中，协会将对协会中的贷款会员提供总担保，其他与此会员签订联保协议的会员将再次提供担保，两个层面的担保将金融机构的风险与土地经营权抵押协会的风险大大降低。第五，金融机构放款。第六，违约处置规则，当贷款会员出现无法按期还本付息的情况时，土地经营权抵押协会作为总担保人将向金融机构代为偿还贷款，与此贷款会员签订联保协议的其他协会会员作为担保人有义务配合协会进行违约会员的土地经营权流转工作，协会中的这些担保会员也对贷款会员入股的协会的土地经营权享有优先购买权。根据《农村土地承包法》第四十七条第三款规定，实现担保物权时，担保物权人有对土地经营权的优先受偿权，故可以扩大解释为与此违约的协会会员签订联保协议的其他土地协会会员可优先受让土地经营权。由于违约导致土地经营权流失的协会会员可通过归还贷款本息的方式将土地经营权进行赎回。此外，根据《农村土地经营权流转管理办法》第九条的规定，土地经营权流转的受让方应当为具有农业经营能力或者资质的组织和个人。在同等条件下，本集体经济组织成员享有优先权。故可知，土地经营权抵押协会会员中具有集体经济组织成员身份的协会会员是享有优先购买权的。

4.5.5　第三方机构增信贷款模式

第三方机构增信贷款模式是农村土地经营权抵押贷款实践中衍生出的一种新型贷款模式。其原理是在土地经营权抵押贷款法律关系中，引入物权公司或担保公司进行担保，一方面增加贷款申请人的信用，从而降低银行等金融机构的风险；另一方面整合农村土地经营权闲置资源，最大限度地发挥农村土地经营权抵押融资的作用，促进农业生产规模化、现代化发展，激发农村金融市场的内生动力。此种模式是指当土地经营权人用土地经营权作为抵押进行贷款申请时，由于土地经营权收益低、风险大、稳定性差等原因导致无法达到贷款条件时，金融机构可以主张引入转入的专业的物权公司或者担保公司，通过这些第三方专业机构对农村土地经营权进行整合，使其具有规模化和价值化，从而为贷款申请人增加贷款信用，使其达到贷款条件。

第三方机构增信贷款模式主要包括以下几个步骤：第一，土地经营权人向银行提出贷款申请。此处的土地经营权人范围既包括农村集体经济组织中的农村土地承包户，也包括通过流转等方式取得土地经营权的受让人。第二，银行等金融机构进行审核并引入第三方专业机构。银行等金融机构会对提出贷款申请的土地经营权人进行一个全面的审核及综合评估，具体包括土地经营权权属、贷款申请人信用、其他财产及还款能力，由此进行一个综合风险评估。倘若土地经营权人各方面资质无法达到贷款条件的，银行可以直接引入第三方物权公司或者担保公司将土地经营权进行规模化或集约化增信增值处理。当然，土地经营权人在自我评估后认为无法达到贷款条件的，也可主动向第三方机构寻求帮助。第三，第三方机构整合土地经营权资源。当土地经营权人主动向第三方机构寻求帮助或者银行引入第三方机构后，第三方机构将对土地经营权资源进行整合运作，具体路径为：有借款需求的土地经营权人将土地经营权流转给第三方物权公司或者担保公司，并签订土地经营权流出合同和流入合同，第三方机构在受让土地经营权后将为土地经营权人向银行的贷款提供担保，并与银行签订担保协议。第三方机构通过流转受让的方式使土地经营权资源具有规模化，使规模化土地经营权的价值高于单一化土地经营权价值。第四，金融机构放款。当第三方机构为贷款申请人增信完成并达到贷款条件以后，银行将会放款给有资金需求的土地经营权人，且放款的额度较高，理由在于土地经营权规模化价值高于单一化价值。第五，土地经营权人赎回土地经营权。当土地经营权人按照约定还本付息后，即可向第三方机构赎回土地经营权。此种模式降低了金融机构风险的同时，提升了土地经营权的价值，同时保障了金融机构和土地经营权人价值最大化。

4.6　金融服务农村土地流转的政策建议

4.6.1　政府部门

（1）完善农村土地物权包括土地使用权在内的抵押登记制度和农村土地价值评估制度，以明确土地承包经营权的物权和提高抵押物的利用价值。首先，土地登记制度是国家确定和保护不动产物权的一项重要管理制度，它对权利人来说具有确权功能和公示功能，同时方便政府对土地的管理。一个完善的登记制度将会极大地提高对土地的利用效率。所以在理论上，不动产物权的取得原则上应该采取登记生效主义。但是我国土地广阔，农民人口众多，要在全国范围内进行统一的不动产的登记制度有一定的实际困难，如果规定土地承包经营权必须经过一致的登记方式或者形式才能取得，可能反而会制约农民取得农村土地承包经营权的可能性。因此在完善土地承包经营权登记制度方面，既要遵循法律法规的基本规定，做到依法登记有效管理，又要因地制宜、因时制宜，制定弹性的登记制度，最大限度地满足土地流转的需要。然后，在对土地价值评估方面，由于土地是价值比较大的不动产，而且是一种有限资源，所以对农用地的合理估价是农村土地承包经营权流转的一个必不可少的环节。如果不能确定土地使用权的价值，其在土地流转市场上的商品职能就不能体现出来，所以将有碍于抵押甚至所有流转的实现。在理论上，评估农用地的价值就是计算其农业生产的净货币收入，评估的一般原则为：土地经营权抵押价值＝年租地平均收益×经营期限＋土地上种养物价值。在目前的抵押权实现过程中，如果抵押双方就承包经营权折价数额发生争议，抵押人或抵押权人可以提请专业评估机构进行地权价值的评估，或提交法院主持拍卖或变卖。但是从长远看，尽快培育专门的农村土地价值评估系统和评估机构在明确农地承包经营权的权利范围，完善农地使用权的流转，增加其抵押价值方面存在不可或缺的作用。

（2）抓紧促进农村土地流转市场的尽快成熟，提高土地的流转率，也可提高抵押价值和促进信贷交易次数的提升。农村土地流转市场运行，应该符合市场经济的规律，实现土地的资源优化，提高土地的利用和效益。首先，确立集体经济组织。土地流转遵循平等、自愿、合法、有偿的原则，并且切实注意维护农户的市场主体地位，防止权利主体的偏移。其次，政府要做好相关服务保障工作。如通过立法制定土地流转规则，按时发布流转耕地供求情况、公开和监督土地流转的执法工作和加强法律政策的宣传。最后，各地区要根据自身的实际情况，建立县、乡、村土地流转服务机构，负责土地流转信息的登记，提供权利移转服务等，使被流转的土地顺利进入市场，被合理迅速地耕用。所以成熟完善的土地流转市场，刺激土地流转水平的提高，一方面可以在土地流转市场上更加公允地评价土地的真实价值，有利于土地资源的优化配置；另一方面可以提升农业信贷业务的活跃性和积极性，同时增加信贷交易次数与提高农贷质量。

（3）统筹建立国家农村社会保障制度和政策性与商业性相融合的农村金融风险分担和补偿机制，降低农户与金融机构进行信贷交易的风险损失和涉农贷款的最低利率。现阶段土地承包经营权流转市场化的最大障碍就是土地承担了保障农民的社会服务和保障功能，使国家和农民自己都视土地为生存之本，为排除这一障碍，就必须建立新型的农村社会保障体系。完善农村社会保障体系也是改革城乡二元体制结构的要求之一。目前农村社会保障体系的建立和完善在很大程度上还要依靠国家的统筹和管理，所以党和政府应尽可能加大对农村社保的投入力度，加快建设农村社会保障体系，解决农民的后顾之忧，使他们能释放更多的财产用于农业生产经营活动。同时，农业活动风险和收益之间波动呈现负相关的矛盾可以通过有效的风险补偿与分担机制得以部分化解。在风险补偿方面，一是通过国家政策和财政资金支持的政策性金融机构的信贷担保为主和商业性保险机制为辅的有效机制分担农户和涉农企业的违约风险。二是通过财政贴息和税务政策倾斜，对金融机构因发放涉农贷款所遭受的损失给予一定比例或数额的赔偿或者对金融机构因为涉农贷款的低利润率而进行收益补偿，比如建立风险补偿保证金财政专户等。在风险分散方面，可以在资金融通环节增加风险分担主体，充分利用商业性金融机构经营业务种类多样化和政策性机构信贷成本低廉的独特优势，实现政策性目标与商业性收益的有效融合，使金融机构所承担风险与成本能够最大限度地被经营收益所覆盖。并且积极推进涉农信贷业务的创新发展。如将涉农贷款证券化，由政府制定相应的配套机制支持各金融机构将农业类贷款组合打包，并经信用增级后向资本市场公开发行涉农贷款类债券。

4.6.2　金融机构

尽管在农地的抵押贷款中，农民不一定必须向金融机构贷款，也可以进行民间借贷。但是，金融机构毕竟是主要的提供资金支持的市场主体，所以要使金融机构的农地承包经营权抵押得到顺利实现，必须创立适应该土地流转新要求的新型农村土地金融制度。由于农业活动的季节性、波动性以及风险性，土地承包经营者的信贷资金需求多为小额和中短期的，因此通过农村土地承包经营权的抵押，可以保障这个需求的实现，有利于农业经济的可持续发展。同时把农村土地承包经营权和金融活动的有效融合，使国家政策性金融活动和商业性金融业务的有效结合，使土地承包者的经济效益得到最有力的实现。同时这种融合与结合还可以达到合理调整金融机构业务种类、降低客户信贷利率要求，提高信誉约束、改善信息沟通机制和流程、缓解农贷市场上的信息不对称现象和增加信贷交易次数等。因此创建适应土地流转和改革的新型土地金融制度，在宏观上不仅是响应土地承包经营权抵押贷款业务发展的要求，更是响应日益迫切的农村发展现代化、规模化、集约化和建设完善土地流转市场的要求，也为微观上维护良好的信贷关系、增加信贷交易次数、降低涉农贷款利率成本和抵押要求等方面提供可行条件。

（1）建立纵横联合、完整有效的运行机制。首先，抵押贷款的操作流程主要表现在农村土地金融制度的纵向运行机制上。规范合理的运行与操作流程可以构建成有效的运行机制。一般而言，土地承包经营权抵押贷款的申请和审批流程可按以下程序进行：第一，确定土地经营权的合法合规性。当农户和小型涉农企业向金融机构申请土地承包经营权抵押贷款时，需要金融机构明确土地承包经营权的权利主体，并且审核其土地使用权、经营权或者承包经营权是否合法取得并依法登记。第二，评估土地使用权的抵押价值。结合正常年景的土地生产力水平、土地抵押年限、预期土地未来收益、土地经营风险以及生产经营者（农户）的生产经验等因素，通过逐步完善合理的土地承包经营权作为抵押品的价值评估制度，对农户土地的抵押价值作出合理有效的评估。第三，制定完善的授信政策，确定客户的授信额度。借助渐趋健全的农民征信信息系统，综合考虑抵押土地使用权所基于土地的评估价值、农户的农业项目方案、国家的政策扶持等方面，根据本机构的授信政策确定客户的授信额度。第四，审批抵押贷款。

要求信贷部门针对信贷申请必须实行审贷分离。因为涉农贷款多为中短期，并且由于国家的扶持政策其信贷利率也较一般商业贷款利率低。所以一般金融机构发放贷款的授信额度不会超过土地承包经营权评估价值的一定比例（实践中多为70%～80%）。第五，注重贷款发放后的后续服务工作。金融机构放贷后应当重视跟踪贷款质量，定期进行风险防范和管理，监督和支持抵押贷款申请方的持续经营情况。然后，农村地区金融机构体系中商业性金融机构如农村信用社、农业银行、邮政储蓄银行等，以及政策性金融机构如农业发展银行，这两者的相互结合与合作，构成了农村土地金融制度的横向运行机制。这个运行机制的核心为各个组成部分之间相辅相成的联合作用，为共同服务农村地区农户和小型微利企业的土地承包经营权贷款而互相合作、互利共赢，进一步扩大涉农金融服务的业务范围和提升涉农金融业务的种类和服务质量。

（2）提供完善的管理机制，为涉农业务的顺利开展奠定基础和提供保障。保证新型土地金融机制顺利运行需要成立管理和辅助机制，双管齐下、同心协力。第一，给予农村信用社、农业银行以及农业发展银行等金融机构开展涉农金融业务的政策优惠，引导金融机构树立正确的农村地区市场定位，吸引金融组织在农村地区设立更多的营业网点和业务种类。第二，增强农业发展银行作为国家政策性银行的农业扶持力度，利用国家财政资金支持农业薄弱环节发展，建立专项资金。同时还应注重为加快土地流转市场建设的信贷项目提供惠农资金帮助，跟踪土地流转项目的经营进展情况，随时提供技术和资金支持。第三，加快建设主要支持小型微利企业和农业发展的小额、灵活的正规与非正规金融组织。在继续发挥国有商业银行和政策性银行在涉农金融中的重要主导作用的同时，注意培育新型合法金融组织的健康发展，引导形成良性竞争的农村金融市场机制。第四，通过宣传教育培训以及加快推进利率市场化改革，增强农村非正规金融的风险防范和控制水平，提升其风险收益能力，有效刺激农村正规金融和非正规金融合作的积极性，促使"合力作用"的有效发挥。

（3）在日常业务中注重改善内部管理模式，加强对贷款申请人信息的搜集和管理。金融机构应当通过增加市场调研方式等，加强自身对于风险的识别和区分，尽量向低风险的农户发放信用贷款，同时针对高风险借款人比较多的领域建立信号传递机制的信贷合同，通过农户选择信贷合同的行为区分他们的风险类型。在业务发展方面还要积极发放各种风险类型的涉农贷款，分散信贷风险，增加业务收益。并且协助国家有关部门建立农户个人信贷体系，加强农村地区的信用信息管理，及时做到更新和维护。有效降低农村金融机构的信息辨别成本和经营风险，从而有利于降低贷款利率。

4.6.3　借款农户

（1）提高农民对农村信贷的认知度和参与度，形成良好的信贷环境，增强按约还款的自觉性和道德约束。作为借款人农户应当积极参加关于正确信贷知识培训和指导，并且融入健康的农村信贷业务中，真正认识到让他们能真正体会到良好的资金信贷带来的好处，并且明白"高利贷"、违法私人信贷的巨大风险和危害性。同时通过刺激消费，扩大投资信心和范围，以增强农民自身的资金需求水平，进而更进一步地刺激农村地区社会经济的持续健康发展。同时，树立良好的信用观念，加强"好借好还"的态度建设。

（2）优化农民的信用道德建设和关于信贷方面的法律意识，降低农户的违约概率和保护农户的合法权益。树立"信用明星""信用村（户）"等典型模范，利用模范带头作用的影响力和宣传力，把文明良好的信用态度作为金融机构宣传活动的重要内容，并且加强信贷业务申请人的信用等级考核和评价，注重加强农村金融信用环境的建设。为了达到"以信促农"的目的，应当树立农民"守信光荣，失信可耻"的信用意识。改善社会信用环境，构建和谐金融。同时还要鼓励农户学习相关的法律规定，打击违法集资和贷款发放、减少金融犯罪的可能性，使农户增强履约意识，构建良好发展的农村信贷市场。

（3）形成对提高农户的农业收入和农业活动科技水平的培训机制，提高农业项目的成功概率和收益。营造全民学习科技知识的氛围，加强培训力度，使农户不但可以采用各种方式提高自身的投资成功率和收益率，降低信号发送的边际成本，吸引更具有优惠力度的贷款合约。同时还要学会辨别项目的风险程度，尽量选择低风险高质量的农业项目，保证信贷资金的偿还率和涉农收入水平的稳步提高。

第 5 章 金融服务乡村振兴：
基于农村产业融合视角

5.1 农村产业融合及其金融问题研究综述

农村产业融合是中国特色的农村发展战略，国外鲜有提及。国外有关农村产业融合研究主要经历了由农业产业化经营到六次产业化的发展过程。1957 年，Davis 和 Goldberg 最早提出了"农业一体化"的概念，并以"农业综合企业"或"农业综合经营体"来界定那些将农业生产整合、组织起来的企业。在他们看来，"农业一体化"是将农业产前部门（农业生产资料生产和供应）和产后部门（农产品运输、加工、储存和销售）与农业生产本身有机结合，即农业产业链上产供销一体化。其后，Knutson 等（1983）对农业一体化进行了系统论述。Gramer 和 Jensea（1991）以美国为例，详细总结了"农业纵向一体化""垂直协作"以及"农民合作社"等典型的农业产业化模式。Falco 等（2008）认为，实现农业的产业化经营，是解决一国（或地区）农业生产要素严重过剩问题的关键，即通过规模化、集约化生产来有效地吸收这些过剩的要素。Gray 和 Boehlje（2007）将产业价值链升级、人力资本、金融扶持、科技支持以及消费方式转变等视为推动农业产业化发展的关键因素。Drabenstott 和 Meeker（1997）、Power 等（2012）认为，消费者对农产品的多样化需求是农业产业化发展的根本原因，正是在这种需求的直接刺激下，市场上的农产品供给得以不断创新与发展，并逐步形成规模化、集约化、一体化的农业经营体系。近年来，Dries 等（2009）、Alemu 等（2016）、Neda（2016）、Carillo 等（2017）等学者利用各国数据实证研究发现，农业产业化经营显著促进了农业生产效益提升或农民收入增长。

国外有关农村产业融合研究的代表性观点当属日本学者今村奈良臣（1996）最早提出的"六次产业化"概念。他主张农户不仅从事农业生产活动，而且要从事农产品流通、加工、销售、观光旅游等二、三产业，即推动以三产融合为核心的六次产业发展，以促进农产品附加值提升以及农民收入增长。这里的六次产业指的是一、二、三产业之间相乘的共同发展以及相互促进的依存关系，而不仅仅是三次产业之间的简单相加。佐藤正之（2012）认为，生产资金筹措、农业用地保障、营销渠道拓展、农业技能传授以及经营管理完善等，是现阶段日本农业"六次产业化"面临的主要挑战和核心问题。室屋有宏（2013）的研究则发现，日本农业"六次产业化"面临地域空间不足、地域差异较大、长期计划缺乏、产业化多样性不够等问题。为此，佐藤正之（2012）指出，要以农业价值链为核心创新农产品销售模式，带动农业生产者不断向农业经营者转变，促进农业产业链由农产品生产环节持续向销售、加工以及销售等环节延伸，最终实现一、二、三产业之间互相促进、互相融合的发展格局。大多和巖（2013）研究发现，日本通过推行《六次产业化法》，充分利用了各地农村的资源，在提升农村就业率的同时也增加了各地生产经营者的收入，进而带动了区域经济发展活力的有效提升。在工藤康彦和今野聖士（2014）看来，产业间的交叉融合、地区间的农业互动以及社会组织间的紧密联合，不仅有助于创新农业发展模式，同时还能够有效改善农业生产环境进而实现农业"产、加、销"的一体化发展。此外，韩国学者申孝忠（2010）、金泰坤（2011、2013）、李炳午（2013）等也对韩国在推进六次产业化过程中的发展模式、现存问题以及策略路径等进行了有益探讨。

国外有关农村金融深化与农村产业融合发展关系的研究主要聚焦在农业产业化的金融支持上。Davis 和 Goldberg（1957）认为，提高农业一体化经营效率需要采取的必要途径和手段建立健全投融资体制、利益分配机制和利益联结机制等。Fei 和 Ranis（1964）的二元经济理论也指出，实现农业产业的实质性发展必须完善对应的金融支持与制度保障。随后，Barry 和 Lee（1983）、Yabann（1992）、Gray 和 Boehlje（2007）、Lajos 等（2009）、Guirkinger 等（2010）、Woutersen 和 Khandker（2013）、O'Toole 等（2014）、Saravanan（2016）等学者利用不同国家（或地区）的经验数据证实，金融供给不足（或信贷约束）是制约农业生产和产业化发展的关键因素。为此，众多学者从不同角度提出了加强农业产业化发展中金融支持的具体路径。Drabenstott 和 Meeker（1997）在分析美国农村资本市场现存问题的基础上，提出了加快发展农村股票市场以及扩大农村社区银行信贷规模等措施。Klose 和 Outlaw（2005）提出了一种针对金融及风险管理（或服务）的援助计划，以确保产业化农民获取金融咨询与服务的便利化、长期化以及多元化。Mazure（2007）指出，可以通过改革农村信用体制以及完善政府政策扶持等途径，扩大农业产业化的金融供给。Khan 和 Hussain（2011）、Chaudhuri 和 Dwibedi（2014）、Yusuf（2015）等学者对非正规金融在农业产业化过程中的作用进行考察后指出，政府应积极创造有利条件，引导非正规金融规范、有序发展，以满足农业产业化发展过程中巨大的资金需求。

近年来，与农村产业融合发展较为契合的农业价值链融资模式备受重视。农业价值链融资模式促使金融机构加入农业价值链活动之中，通过加深对农业生产经营主体的了解，从而量身提供金融服务，以实现金融在产业多元融合发展中的融通作用（Quirós 等，2007；Miller 和 Jones，2010）。农业价值链融资能够顺利进行，其背后存在一定的动力机制。Onumah（2003）、Swinnen 和 Maertens（2013）借鉴价值链驱动理论指出，在农业价值链当中，生产者为了促使农户广泛地参与价值链活动，主要利用融资活动不断完善农业价值链治理；而消费者为了实现农产品种植、加工等功能的转换升级，则主要利用融资活动有效控制和带动农业价值链。正是在生产者和消费者的共同推动之下，标准化、规模化以及合约化逐渐成为农业生产经营活动的典型特征，并由此吸引农业领域投资规模的持续扩大，最终实现农业产业化。Bourns 和 Fertzicer（2008）、Miller（2012）从交易成本理论出发，认为农业价值链的发展极大地节约了各个阶段的交易成本，首先是决策成本，这主要源于信息不对称程度缓解所导致的农业价值链内各个主体监督成本的降低；其次是议价成本，这主要源于农业价值链内上下游主体通过引入契约可以确定交易的具体规模。Mauer（2014）和 Middelberg（2017）基于信息不对称理论，认为农业价值链融资在密切关联价值链内各个行为主体的基础上，还实现了与金融机构等价值链外部行为主体的紧密联系，从而有效提升了行为主体之间的信息透明度，最终带来了信息采集成本的极大节约。

目前，国内仅有少量文献（张红宇，2016；孟秋菊，2018）直接研究了农村产业融合发展的金融支持问题，有关农村金融深化与农村产业融合的研究主要建立在对农业产业化与金融服务体系关系的探索上。其研究基本脉络为，首先从农村金融的供需现状、农村金融运行的内在逻辑、农业产业化主体融资的特殊性和制度安排等方面定性阐述了金融支持农业产业化发展的必要性（齐成喜和陈柳钦，2005；罗富民和朱建军，2007；方行明和李象涵，2011；徐全忠，2013；赵国杰，2016）；其次对金融支持与农村产业化发展之间的关系进行了定量分析与验证。朱建华和洪必纲（2010）、陈池波等（2011）、尹成远和李兆涛（2013）、姚樊（2016）等学者利用不同层面的经验数据证实，金融支持显著促进了农业产业化发展水平的提升。进一步地，分析了金融服务支持农业产业化过程中存在的问题及成因，主要包括市场信息不对称、信用评价担保体系不健全、产业投融资机制不够健全、风险管理措施缺乏、民间金融发展滞后以及政府扶持力度过小等（罗剑朝和郭晖，2008；何德旭和常戈，2010；朱建华等，2010；王元春，2011；陈俭，2015；郑学党，2016；刘美辰，2018）。在理论研究与实证研究的基础上，一些学者探索了中国农业产业化金融支持模式的创新路径，提出了打造"信贷＋保险＋期货＋基金"政策组合拳（曹平辉，2005；高连水，2012），创新金融产品和服务（徐全忠，2013；汤金升和王学良，2014；吕忠伟，2014；赵晶晶和邓尧，2018），改善农村金融生态环境（孙运锋，2011；孙龙，2014；郅靖，2016）等。

自 2003 年美国国际开发署组织提出农业价值链融资概念以来，其作为解决农业金融弊端的一种新型信贷形式，不仅在理论发展上得到了国内学者的广泛研究，同时在实践操作上也促成了国内实业界的积极应用。关于农业价值链融资的概念内涵，蔡智（2011）将其定义为：资金供给者通过分析产业链的整合程度，以及考察核心企业的经营状况、财务状况与发展前景，甄选出产业链中能够实现价值增值的优质客户，并为其提供金融服务的一种新型融资模式。可见，农业价值链融资的服务主体是农业产业链的上下游企业，目的是满足这些企业的资金需求（李建英等，2015）。根据资金来源不同，张庆亮（2014）、何广文和潘婷（2014）等将农业价值链融资分为两种模式，即内部融资模式与外部融资模式。其中，内部融资模式多以农业产业链下游的企业作为资金供给者，将资金以预付货款、商品赊销等形式流向农业生产经营者，目前主要有四种模式："公司＋农户"模式（姚淑芬，2011；王刚贞，2015；马九杰和罗兴，2017）、"农场＋农户"模式（洪银兴和郑江淮，2009；姜松，2018）、"大型超市＋农户"模式（马九杰和吴本健，2013；张超和张陈，2018）、"互联网金融＋农户"模式（王刚贞和江光辉，2017；吴本健等，2018）；外部融资模式多以传统金融机构作为资金提供者，一般采取贸易信贷合作或者银行信贷的模式为农业生产经营者提供资金，如四川省资阳市探索开展的"六方合作＋保险"模式、黑龙江省龙江银行创设的"五里明模式"等（刘西川和程恩江，2013）。

5.2　金融助推农村产业融合的理论分析

5.2.1　农村金融深化对农村产业融合发展的作用机理

农村金融深化与农村产业融合发展之间是一种相互影响、相互作用的关系。一方面，农村产业融合发展是决定农村金融深化的重要力量。农村产业融合发展水平、速度以及效率的提高，会产生多元化、多层次、综合化的金融需求，以此推进农村金融深化，缺少农村产业融合发展的决定力量，农村金融深化将缺乏后劲。另一方面，农村金融深化是促进农村产业融合发展的关键因素。农村金融的规模扩张、结构优化以及效率提升，可以为农村产业融合发展提供更多数量、更优质量的金融服务，以此助力农村产业融合发展，缺少农村金融深化的重要作用，农村产业融合发展将缺乏活力。

根据 Pagano（1993）的 AK 模型以及 Mckinnon 和 Shaw（1973）的金融深化理论，随着农村金融深化程度的不断提升，农村储蓄率、储蓄转化为投资的比例以及资本的边际生产率不断上升，农村产业融合发展水平增长率也不断攀升。结合中国农村金融发展的实践，在农村金融体系持续完善和不断健全的环境下，农村金融市场和金融中介蓬勃发展，农村金融规模日益扩大、农村金融结构不断完善以及农村金融效率逐渐提高。而农村金融深化主要通过储蓄效应、投资效应以及资源配置效应作用于农村产业融合发展。

（1）储蓄效应。资金投入是农村产业融合发展的主要推动力，农村资本的积累和有效转化对农村产业融合发展至关重要。对于农村金融机构而言，尽管其本身既非储户，也并非投资者，但是作为从事农村领域资金融通的主要中介机构，通过对储户与投资者双方的资金供求进行重新安排，有助于提升对农村产业融合发展的贡献效率。这种作用首先表现为储蓄效应。农村储蓄是农村产业融合发展投资的重要资金来源，只有储蓄规模达到一定程度，才能够确保有足够的资金来支持农村产业融合发展。在过去普遍存在金融抑制的情况下，中国农村之所以难以实现社会储蓄规模的大幅增长，其根本原因在于利率管制。一方面，对于那些拥有闲置资金的农村居民而言，官方利率的过低使其难以从储蓄活动中获得收益，因而其更加倾向于即时消费；另一方面，农村金融产品和金融工具也将因官方利率的过低而日益单一化，从而使农村居民参与储蓄的信心与热情进一步被抑制，并最终致使农村金融发展停滞不前。换句话说，与均衡利率相比，利率管制时的农村金融市场利率相对更低，因此农村实际储蓄水平会明显低于均衡储蓄水平，这在一定程度上抑制了农村居民收入向农村社会储蓄的转化效率，即人为地压低了收入—储蓄率。

随着农村金融深化的加强，利率管制政策逐步放松，在利率市场化的大力推动下，农村金融市场的实际利率水平将逐步靠齐均衡利率水平，农村地区甚至城镇地区的闲置富余资金受到各种高利率储蓄产品的吸引纷纷进入农村金融机构，从而使农村地区的储蓄总量大大提升，并且有助于扩大农村金融体系内的信贷资金规模。无论是运用 Mckinnon 和 Shaw（1973）的传统金融深化模型，还是 Kapur（1976）、Mathieson（1980）等人改进的卡普—马西森模型，均可以证实这个结论。而随着农村地区信贷资金规模的不断扩大，也将汇聚成向农村产业融合发展投资的巨大资金池。与此同时，农村金融中介机构的种类和数量也将随着农村金融的持续深化而不断丰富，其信用中介职能将得以充分发挥，资本的流动性和透明度不断增强，融资渠道更加多元化、便利化，由此使储户与投资者的风险系数得到极大降低，农村经济个体的储蓄信心和意愿得到有效提升，进而也使农村大量闲置、分散的资金能够转化为支持农村产业融合发展的长期资本。由此可见，农村金融深化的推进通过储蓄效应对农村产业融合发展产生积极影响。

（2）投资效应。储蓄效应既为农村产业融合发展积累了资本，也为农村产业融合发展提供了更多的信贷资金。但归根到底，农村储蓄仅仅是农村资金形成的准备阶段，只有实现农村储蓄向农村投资的转化，才能够真正对农村产业融合发展起到推动作用。也就是说，农村储蓄向投资转化的效率越高，为农村产业融合发展提供的资本要素越充足，对农村产业融合发展的支持作用才会越发明显，当然，无效率的转化也会对农村产业融合发展带来不利影响。从理论上来看，一个有效运转的农村金融体系，一方面可以动员农村储蓄并实现农村资金的大规模集聚，另一方面可以实现农村储蓄向农村投资的高效转化。随着农村金融深化的持续推进以及农村金融市场的完善发展，农村领域的投融资渠道、金融产品和金融工具日渐丰富、多样化，由此也带来投资者交易成本的不断减少，并促使城乡居民可以利用农村金融中介机构将富余资金规模化地投资到农村产业融合发展领域中去，从而为新型农业经营主体进行产业融合投资拓宽了融资渠道、扩大了融资规模以及解决了资金难题，提高了储蓄转化为投资的比例，最终带动全社会资金使用效率的有效提升。

与此同时，农村金融深化可以有效缓解农村金融市场存在的信息不对称现象，从而充分发挥其对农村产业融合发展的投资效应。农村金融中介和金融市场的日益发育和逐步完善，不仅提升了农村经济个体运用系统内在信息的能力，还提高了其向金融体系提供外部信息的能力，促使农村金融机构、资金需求者以及储蓄者之间的信息不对称性得到一定程度上的缓解，在有效降低农村储蓄者资金风险的同时，也明显减少了农村储蓄资金转化为投资资金所耗费的交易成本，极大地提高了农村储蓄资金向投资资金转化的效率（申蕙，2017），从而有助于提升农村金融对农村产业融合发展领域投资的水平和质量。此外，随着农村金融知识的大力宣传和广泛普及，不仅极大地丰富了农村资金闲置者的投资理财知识，同时也有效地提升了其投资理财能力，在一定程度上可以减少由信息不对称导致的信息成本和交易成本过高等问题，有利于农村储蓄资金向投资资金的高效转化，进而为农村产业融合发展提供充足的资金支持。

（3）资金导向机制。资金导向机制是指农村金融机构根据金融市场资金供求的收益水平和资金价格，引导资金从收益率较低的产业向收益率较高的产业流动，实现农村金融资源在农村产业部门间的优化配置，进而推进农村产业融合发展。伴随农村金融中介和金融市场的日益发育和不断完善，农村金融资源的配置效率也得以优化和改善，使农村金融机构可以利用信息收集功能甄别和评估出投资效率相对较高的农村产业融合主体或项目，进而优先为其提供农村有限的资金支持。在此过程中，通过一定的手段和途径监督资金的使用情况，降低资金的运行风险，减少农村产业融合主体在资金配置中的短期行为，不仅有利于提高资本边际生产率或资金使用效率，同时还可以保障农村产业融合发展项目建设的顺利实施以及提升农村产业融合发展质量。此外，农村金融机构还能够通过其信用筹资功能，促进城乡之间以及农村内部的资金融通，优化和改善农村金融资源的空间配置（全亚楠，2012），为农村产业融合发展拓宽融资渠道。

（4）产业整合机制。产业整合机制是指农村金融机构通过合理开发与配置农村金融资源，促进农村金融创新、资金积累以及技术进步，从而培育壮大农村特色产业和农业产业化龙头企业，发挥农村产业整合的重要作用，最终加快农村产业融合发展的步伐。首先，农村金融深化创新了农村的金融产品与金融工具，使农村大量的生产资本可以实现快速流动和有效积聚，这也恰好与农村产业融合发展对资金的巨大需求相适应，有利于促进休闲旅游农业、农产品加工业以及农业服务业等产业的快速发展，从而推动了农村产业融合发展的步伐。其次，在长期的农村金融与农村产业不断发展与相互渗透的过程中，农村生产资本的聚集因"三元结构"金融体系的形成而不断加快，农村龙头企业率先从这种资本集聚中获益，不仅促进了其发展规模的壮大，同时还提高了其市场竞争力，从而有效带动了农业与二、三产业之间的融合发展。最后，农村金融机构通过合理配置金融资源可以推动农村创新活动的开展，而创新成果一旦为农业所吸收便可以迅速扩散至整个农业产业链，不仅能够有效促进农业产业化发展，同时也可以优化农村领域的生产要素配置并带动农村二、三产业发展，从而也有利于提升农村产业融合发展水平。

5.2.2 农村金融深化对农业技术进步的作用机理

农业技术是现代农业的基础，农业技术进步则是农村产业融合发展的核心驱动。为了促进农村产业融合发展，就必须加强农业技术创新、技术推广以及技能培训，提高农业技术进步水平。但农业技术进步过程是一个不完全合约过程，过高的交易成本以及极大的不确定性使资金瓶颈成为制约农业技术创新活动顺利开展的重要障碍之一。随着农村金融深化程度的提升，金融机构能够利用所获得的信息降低交易成本和信息成本，将资金从分散的盈余者手中汇聚并投资到农业技术创新部门，为农业技术进步提供充足的物质保障；同时，金融机构通过扮演战略投资者和风险投资者的角色，可以有效分散农业部门的技术创新风险。根据已有文献，本书分别就农村金融深化如何从资本形成、信息处理、风险分散、项目监控等维度减少农业技术创新过程中的不确定性和交易成本，进而促进农业技术进步进行分析。

（1）资本形成功能。农业技术创新是一个从研发到生产再到推广应用的连续性过程，这个过程需要长期的、持续的资金投入和完善的金融支持。以作为农业技术创新主体的农业高新技术企业为例，其从成立到最终稳定发展，大致会经历萌芽、创业、成长、扩张以及稳定五个阶段。其中，萌芽阶段与稳定阶段对资金的需求较少，萌芽阶段的主要任务是寻找市场空白，进而有针对性地进行原始创新，当步入稳定阶段后，企业的盈利能力已然初步形成，因此能够较快回笼资金；然而在创业阶段与成长阶段，农业高新技术企业的资金需求相对较高，需要大量的长期投资，这两个阶段也是农业高新技术企业能否发展壮大的关键阶段。但是，处于创业阶段和成长阶段的农业高新技术企业往往缺乏有效的抵押担保物，与此同时，考虑到农业技术研发创新的风险较大且成功率较低，通过权衡收益与风险，那些低风险、低收益的短期项目更加容易获得风险规避型投资者的青睐，而一些相对高风险、高收益的农业技术创新项目则更有可能面临长期资金投资严重不足的困境。

随着农村金融市场和金融中介的完善和发展，农村金融深化能够将城乡储蓄者的闲置资金有效集中起来，积少成多、续短为长，并通过构建高效率的储蓄向投资转化机制，可以在一定程度上满足农业技术创新领域的融资需求。也就是说，农村金融深化利用储蓄向投资转化机制有助于将更多的资金投入长期面临融资约束的农业技术创新项目当中，合理配置金融资源，推动农业技术创新活动开展，这些对于农业技术进步有着重要意义。与此同时，随着农村金融深化程度的不断提升，农村金融机构传统业务竞争激烈，利润增长缓慢，寻找新的利润增长点已成为各家金融机构的主要任务。在国家高度重视农村产业融合发展以及鼓励农业技术进步的背景下，农村金融机构也迎来了一个难得的发展机遇，依托农业技术进步与农村产业融合发展的政策导向，农村金融机构通过开拓新的资金渠道与投资模式，将金融产品和业务推向更富有生产性的优质农业技术研发创新项目，使金融资金充分地与农业科技资本进行有机结合，从而持续提升农业技术进步水平，使农村产业融合发展真正建立在农业技术进步的基础之上。

（2）信息传递功能。农业技术进步过程是一个信息极不对称的过程，极易产生逆向选择与道德风险问题。一方面，农业技术创新项目的不确定性较高并且专业性较强，其项目质量好坏对于普通投资者而言难以有效判断，因此对于这类项目，普通投资者要求的收益率也会比较高。与 Akerlof（1970）的"柠檬市场"类似，信息不对称必然会对农业技术创新项目造成挤出效应，使农业技术创新项目难以获得外部资金的注入。另一方面，出于自身利益保护的需要，农业技术创新者可能会借助自身所拥有的信息优势，刻意对不利信息进行隐瞒；或是对不同的农业技术创新投资者同时出售农业技术。由于创新失败的资金损失是由投资者所承担，为了获取技术创新成功之后的高额回报，农业技术创新者可能有意选择那些高风险的技术创新项目。由于缺乏农业技术进步过程中的相关信息（如项目风险与收益、担保品状况、借款者信誉等），拥有金融资源的投资者难以对农业技术创新主体或活动进行有效评估，再加上事后需要耗费大量的时间和精力对农业技术创新主体或活动进行监督，高昂的信息成本为潜在的优质农业技术研发创新项目融资造成了巨大阻碍。

为此，如何有效地解决农业技术研发创新投融资中普遍存在的信息障碍，是农村金融深化促进农业技术进步水平有效提升的核心关键所在。由于具备高效化的信息揭示功能，金融体系在信息收集、处理以及传递方面的优势可谓得天独厚（陈国进和可钦锋，2012），其中，金融中介凭借其专业化优势，利用历史交易信息积累和资信调查等多种方式获取信息，可以实现对优质农业技术创新项目的有效筛选，并优先满足这些项目的融资需求，客观上引导了企业家的创新和投资行为；金融市场具有多元化的信息审查机制，通过利用股票等金融工具价格信号，能够直接引导金融资源向那些优质的农业技术创新项目转移，从而达到资源配置的作用。无论是通过金融市场还是金融中介进行信息处理，目的均是确保资金的高效配置，让资金流向资本回报率较高的地方，这就必然要求农业技术创新项目相关信息的充分披露。而相关信息披露的有效性，为农业技术创新项目融资提供了经济基础，从而有利于推动农业技术进步。

（3）风险分散功能。尽管农业技术进步可以有效地推动农村产业融合发展，但是在农业技术进步过程中，特别是农业技术创新作为一种具有创造性的活动，不仅难度极大，而且复杂度极高，因此必然潜藏着许多事先难以估计的、可变的以及不可控制的风险（如流动性风险、收益率风险以及其他不确定性的风险），从而导致农业技术进步水平难以实现稳定提升，严重阻碍了农村产业融合发展的顺利推进。高风险特性成为阻碍农业技术创新主体获得创新资金的重要原因之一。以流动性风险为例，其指的是将资产转化为交换媒介时的不确定性。在流动性风险约束下，投资者往往偏好于流动性高、收益低的短期项目，以致出现类似农业技术创新这样流动性低、回报高的长期项目投资严重不足。随着农村金融市场和金融中介的不断发展和完善，可以通过设计与农业技术进步相关联的、多样化的金融产品和服务，构建投资组合弥补农业高科技企业融资困难缺陷，为农业技术创新主体建立良好的风险分散机制，将农业技术进步中的风险分散给投资者，降低农业技术创新风险，从而促进农业技术进步。

所谓金融体系的风险分担功能是指金融体系不仅能够实现风险的跨时期配置，同时还能将风险进行跨个体配置，使风险由诸多的投资者来共同承担，从而最大限度地分散风险。一是金融中介的风险分散功能。以银行为代表的金融中介可以促使资金不断从盈余者转向短缺者，除为了应付储户流动性需求而要留存一定资金外，其分散收益率风险的方式主要依靠向不同客户提供各类贷款。因此，对于农业技术创新主体而言，金融中介能够减少其对自我融资的依赖，缓解其资金约束，并且避免在投资期必须进行资产清算所带来的资源浪费，从而刺激农业技术创新。二是金融市场的风险分散功能。农业高技术企业通过上市发行股票可以把社会闲散资金聚集起来并转化为企业创新生产资金，股市融资最大的特点在于不仅能够减少甚至消除流动性风险，同时短期的股票收益波动并不会对企业经营带来异常剧烈的影响，从而有助于企业技术创新活动的顺利开展。与此同时，金融市场上可供选择的金融资产较多，不同的投资者可以根据自身的风险偏好和风险承担能力，通过对不同风险收益水平的资产进行合理组合来配置资金，也可以达到降低收益率风险的目的。

（4）项目监管功能。农业技术创新项目所涉及的参与主体比较多，其中还存在类似技术开发人员、创业家以及投资者之间的委托代理关系（郭建万，2010），在不对称信息条件下，容易出现逆向选择与道德风险。因此，加强对农业技术创新项目的有效监管必不可少，因为一旦脱离了外在监管的约束，即使耗费了大量的人力、物力和财力，但是技术创新效率却并不高，不能有效地促进农业技术进步。随着农村金融中介和金融市场的持续发展和不断完善，金融体系在信息的收集和传递方面具有得天独厚的优势，通过对完整、真实以及有效的信息进行及时搜集和获取，在此基础上选择那些优质的、适合的农业技术创新主体或项目进行投资。在对农业技术创新项目进行资金支持后，农村金融机构通过定期分析财务报表、评定信用等级等方式，可以有效地对农业技术创新项目进行监控和管理，使技术创新主体不断向规范化和专业化的方向发展，进而提升整个地区的农业技术进步水平，保证农村产业融合的健康发展。

具体而言，农村金融深化对农业技术进步的项目监控功能主要表现在两个方面：一是金融中介的监控功能。金融中介所拥有的信息生产功能较强，对于减少企业的逆向选择行为作用较大，因此依靠金融中介对借款企业进行监控的优势较为突出。Diamond（1984）的受托监控模型表明，由金融中介作为投资者的代表来统一对企业进行监督，这样一来不仅能够避免重复监督行为，同时还可以极大地降低监督成本、提高监督效率。与各个投资者分别对企业进行监督所付出的成本相比，金融中介的监督成本因其规模优势而明显更低一些。因此，伴随金融中介发展所带来的监督成本减少，可以有效降低农业技术创新主体对外融资的各项成本，从而也有利于其技术创新活动的顺利开展。二是金融市场的监控功能。在金融市场上面，企业筹集资金的使用状况等财务信息必须公开披露并接受社会监督，而投资者向企业经营者传递警告信号的方式一般是用"脚"投票。因此，良好的农村金融市场可以全程监管农业技术创新投资项目的开展，这种监督势必会对农业技术创新主体产生极大的激励作用，有助于提高农业技术创新项目的成功率，进而促进农业技术进步。

5.3　金融助推农村产业融合的实证分析

5.3.1　数据来源

本书选取了 2009—2017 年中国 31 个省、市、自治区的省级面板数据，来自 2010—2018 年《中国统计年鉴》、各省统计年鉴、中国金融年鉴、中国农村金融服务报告，包括人均涉农贷款、人均地方财政支出、人均第一产业产值、人均机械动力、自然增长率、人均 GDP、人均道路面积、农村恩格尔系数、总人口数、城镇化率。

为了研究我国不同区域涉农贷款对于农业现代化水平的影响，本书按照各省 2018 年末农业产值占第一产业产值的比例，将 31 个省份分为两组。一是将低于全国平均水平的 19 个省份列为低比组，包括北京、天津、河北、内蒙古、辽宁、吉林、上海、江苏、浙江、安徽、福建、江西、山东、湖北、湖南、广东、海南、西藏、青海。二是将高于全国平均水平的 12 个省份列为高比组，包括山西、黑龙江、河南、广西、重庆、四川、贵州、云南、陕西、甘肃、宁夏、新疆。

5.3.2　变量选取

本书选择人均第一产业产值和人均机械动力为被解释变量，用于衡量农林牧渔业劳动生产率水平和农业机械化水平。选择人均涉农贷款作为解释变量，用每个从业人员理论获得的涉农贷款数量，来衡量涉农贷款的投入量。同时，本书还选择了人均地方涉农财政支出、自然增长率、人均生产总值、人均道路面积、农村家庭恩格尔系数、总人口数、城镇化率作为控制变量。

表 5 - 1 报告了变量的描述性统计分析。可以看出，农村地区的人均财政获得量大幅低于人均涉农贷款获得量，金融在资金投入力度方面比财政扮演着更重要的角色。

表 5 - 1　　　　　　　　　变量说明与描述性统计分析

变量名称	变量定义	均值	标准差
人均涉农贷款（万元）	涉农贷款与第一产业从业人数的比值，用来衡量涉农贷款的投入量	5.153	8.034
人均第一产业产值（万元）	农林牧渔业总产值与第一产业从业人数的比值，用于衡量农林牧渔业劳动生产率水平	5.296	9.42
人均机械动力瓦数（千瓦）	农业机械总动力与第一产业从业人数的比值，用于衡量农林牧渔业机械化水平	13.934	21.929
人均地方涉农财政支出（万元）	地方政府农林水财政支出与第一产业从业人数的比值，用每个从业人员理论享有数量，来衡量地方财政支农水平	1.226	2.247
自然增长率（%）	人口自然增长率，反映一个区域的人口自然增长水平	5.482	2.794
人均生产总值（万元）	反映一个区域的经济发展水平	4.571	2.34
人均道路面积（平方米/人）	各省道路面积除以总人口数，反映一个区域的基础设施建设水平	4.68	1.959
农村家庭恩格尔系数（%）	反映了一个区域农村居民的消费结构和生活水平	37.056	6.837
总人口数（万人）	各省总人口数取对数，反映一个区域的劳动力水平	8.112	0.846
城镇化率（%）	城镇人口数在总人口数中的占比，反映一个区域的城镇化程度	54.348	13.826

5.3.3 模型设定

本书构建计量经济学模型来验证涉农贷款投入对农业现代化程度的影响，设定基准面板回归模型如下：

$$Y_{i,t} = \alpha + \beta_i X_{i,t-1} + \gamma_i C_{i,t-1} + \varepsilon_{i,t}$$

模型中 i 表示各个不同省、市、自治州，t 表示不同的年份，Y 为被解释变量，表示体现农业现代化水平的指标，X 为解释变量，表示以涉农贷款为代表的涉农金融投入的指标，C 为控制变量。

5.3.4 回归分析

表 5-2 报告了总体与分组的省级面板数据回归结果。为了检验区域异质性，本书分别以总体和分组对 31 个省级数据进行回归，经过 Hausman 检验，结果表明所有回归均应采用固定效应模型。

表 5-2　　　　　　　　　　回归结果

变量名称	总体		高比组		低比组	
	（1）	（2）	（3）	（4）	（5）	（6）
人均贷款	0.2259 ***	0.2832 ***	0.0091	0.0210 ***	0.2065 ***	0.3633 ***
	（0.0182）	（0.0193）	（0.0115）	（0.00745）	（0.0581）	（0.0553）
人均财政	1.4961 ***	1.7420 ***	-0.1726	-0.1407 **	2.1139 ***	1.3828 **
	（0.1829）	（0.1937）	（0.1079）	（0.0703）	（0.6067）	（0.5767）
自然增长率	-0.0372	0.0583	-0.1318 ***	-0.0537 *	0.343 *	0.2043
	（0.0860）	（0.0911）	（0.0495）	（0.0322）	（0.1784）	（0.1695）
人均生产总值	-2.0067 ***	-2.2336 ***	0.2751 *	0.2971 ***	-1.7844 ***	-0.5394
	（0.1892）	（0.2005）	（0.1440）	（0.0938）	（0.5753）	（0.5468）
人均道路面积	1.2353 ***	1.0706 ***	0.2902 ***	0.0576	-0.0952	-0.3195
	（0.1432）	（0.1517）	（0.1017）	（0.0663）	（0.3578）	（0.3401）
农村恩格尔系数	-0.0604 *	0.0019	-0.0763 ***	-0.0147	-0.0749	0.0291
	（0.0314）	（0.0333）	（0.0185）	（0.0121）	（0.0509）	（0.0484）
总人口数（对数）	0.6609 ***	1.3011 ***	-0.5020 ***	-0.0952	0.5496	0.4609
	（0.2451）	（0.2596）	（0.1287）	（0.0838）	（0.7744）	（0.7360）

续表

变量名称	总体		高比组		低比组	
	（1）	（2）	（3）	（4）	（5）	（6）
城镇化率	− 0. 0519 *	0. 0434	− 0. 0811 ***	0. 0368 ***	− 0. 1897 **	0. 0982
	（0. 0300）	（0. 0318）	（0. 0156）	（0. 0102）	（0. 0920）	（0. 0874）
_ cons	3. 2762	− 8. 8914 ***	13. 5915 ***	1. 7335 *	− 5. 1534	− 7. 4232
	（2. 9682）	（3. 1444）	（1. 5244）	（0. 9928）	（9. 0114）	（8. 5651）
Hausman test	fixed	fixed	fixed	fixed	fixed	fixed

注：***、**、*分别代表在1%、5%、10%置信水平下显著。

从全国的回归结果来看，对于衡量农业现代化水平的指标人均农业机械化水平及人均第一产业产值来说，解释变量人均涉农贷款有着正向显著性影响，在其他条件不变的情况下，人均涉农贷款每增加1个单位，会引起人均机械动力瓦数平均增加0.2259个单位，人均第一产业产值平均增加0.2832个单位。对人均第一产业产值来说，人均涉农贷款、人均财政农林水支出、人均道路面积、总人口有着显著正向影响，说明农村地区的信贷和财政资金的投入带动了当地农业产业的发展，而如交通类的基础设施建设会使农村人均生产率水平上升显著。而人均生产总值有着负向显著影响，可能的原因是，从某种程度上来说现阶段的地区生产总值增长的一部分来自第一产业向二、三产业的转移。对人均机械化来说，人均涉农贷款、人均农林水支出、人均道路面积和总人口数有着显著正向影响，说明总体来看，资金的投入被农村从业者有分配到机械化生产上，交通类基础设施建设也能够带动机械化发展。人均生产总值、农村恩格尔系数与城镇化率有显著负向影响，可能的原因是，农村居民资金是否用于生产一定程度上取决于家庭恩格尔系数。

从分组的回归结果来看，低比组人均涉农贷款与人均第一产业产值呈正效应，而与人均机械化水平影响不显著。低比组构成省份相比高比组更多为发达地区，结合其他控制变量的显著性，可以发现：人均涉农贷款的增加可以提高人均第一产业产值，使农业现代化水平提升，在其他条件不变的情况下，人均涉农贷款每增加1个单位，会引起人均第一产业产值平均增加 0.021 个单位；部分发达地区人均财政涉农支出会引起人均第一产业产值下降，可能的原因是财政未能充分运用到农业生产领域中；低比组第一产业结构更加综合化，靠海省份农林牧渔的发展对于人均机械化水平提升影响不明显，同时随着经济水平的发展，当地有更多的机会发展非农产业，对农业以及机械化的关注度下降；人均生产总值对农业现代化指标影响正显著，说明相对发达地区二、三产业可能会带动农业现代化进步，而城镇化率对人均机械化水平和人均第一产业产值分别呈负效应和正效应，也说明城市城镇化与发展的过程，对第一产业可能是一个复杂的影响，人口的流出减少了人均衡量指标的分母，使劳动率提升，但青壮年劳力的流失可能又使整体水平下降。高比组的人均涉农贷款、政府财政支出与人均第一产业产值、人均机械化水平均呈正相关，人均生产总值与人均机械化水平负相关显著。说明高比组省份相对低比组发展相对落后，人均涉农贷款的提升能够显著改善农民的生活和生产条件，提高农业现代化水平；政府财政支出效果明显，1 个人均财政支出单位的提升，在其他条件不变的情况下可以引起平均 2 个单位人均机械化水平的提升和 1.3 个单位人均第一产业产值的提升；人均生产总值的提升使欠发达地区的从业者有了更多选择，对农业现代化有抑制作用。

5.4　金融服务农村产业融合的现状分析

5.4.1　农村产业融合的金融需求分析

新型农业经营主体的概念，是在传统的小规模农户家庭联产承包经营基础上逐步演化而来的新组织。它是构建中国专业化、集约化、社会化、组织化、现代化的农业经营管理体系的关键，是传统农业转向现代农业的核心力量。新型农业经营主体由传统农业向现代农业迈进过程中，通过独资、合作、租赁、入股、承包等方式，农业生产要素集中加速，不仅带来土地、劳动力的集约化经营，也对农村金融服务产生新的需求。

一是金融需求主体多样化。党的十八大指出，要坚持和完善农村基本经济制度，保护农民的土地承包经营权、使用宅基地的权利，实行集体所有，按照社会化分工分配集体收入，增强集体经济实力，培育新型农业经营主体，发展各种规模管理，建设集约化、专业化、组织化、社会一体化的新型农业经营管理体系。新型农业经营主体，可以是直接或间接从事农产品生产、加工、销售和服务的任何个人或组织，它们主要包括农民专业合作社、专业种养大户、家庭农场、农业产业化企业等，它们是建设现代农业的重要组成部分。

二是金融需求额度增大。与传统农业生产方式相比，家庭农场、农民专业合作社、种养大户等新型农业经营主体的最本质特征就是规模化、专业化经营。这一本质特性决定了新型农业经营主体需要通过扩大投入来实现土地流转和生产经营，由此导致资金缺口比例高，对金融机构贷款需求额度也随之增加。

三是金融需求用途多元化。与传统农户简单化金融需求不同，新型农业经营主体的经营规模不断扩大，传统单一的农业生产逐步向综合经营的方向转变，金融需求由以往单纯的田间作业等传统生产需求转向加工、流通、商贸等综合需求。其资金用途相应由土地流转前的生产和消费为主转向生产、加工、消费、创业和投资转变，其金融服务需求贯穿于生产经营周期的各个领域和各个环节，与之相适应的资金用途也必然多元化。

四是金融需求方式更加灵活。相对于传统农户主要以短期融资需求为主，新型农业经营主体对融资期限的需求更加灵活，且长期化趋势更为明显。新型农业经营主体在农地多年连租、大型农机具购置、农田水利基础设施建设、农资及产品仓储等领域中长期贷款的需求迅速增长。农业生产经营的时令特征，也决定了新型农业经营主体在融资需求方面带有明显的季节性特点。同时，随着资金使用规模和收付频率的扩大，新型农业经营主体更加注重财务成本核算，对资金周转的灵活性和对融资成本的敏感性较强，多余资金被无效占用时需要及时还贷，生产经营资金短缺时需要随用随贷。

五是金融需求层次升级。现代农业发展对金融服务提出了更高的要求，特别是随着新型农业经营主体的发展，农业产业化链条不断拉长，相应的金融需求也越来越多地出现在农业产业链的各个环节，同时农业生产资料供应、农产品销售等紧密相连的上下游交易关系也为产业链金融创新提供了闭环保障和广阔的运作空间。新型农业经营主体经营理念和行为方式逐步向现代市场模式靠拢，其金融需求也不断升级，不局限于传统的现金存储、农业信贷和农业保险等传统业务，还在债券、基金、期货、理财管理、金融租赁、投融资顾问等方面有新的需求，对金融服务的普惠性和便捷性要求较高。

5.4.2 农村产业融合的金融供给分析

一是金融服务组织体系不断完善。在商业性金融机构方面，主要是推进了农业银行和邮政储蓄银行三农事业部改革，这两家涉农金融机构的改革，进一步增强了包括新型农业经营主体在内的金融支农力度。在政策性金融机构方面，主要是启动了中国农业发展银行的改革，在巩固粮棉油收购信贷业务的基础上，经营范围已经拓展至对新型农业经营主体规模化经营、农业商贸流通体系建设、农田水利建设、农产品深加工等新的农业领域，其农业政策性银行的功能得到了进一步的发挥。在合作性金融机构方面，国家积极鼓励发展各类中小新型农村金融机构，积极支持各地因地制宜地探索发展农民资金互助社，并鼓励有条件的农民专业合作社开展信用合作。

二是金融服务方式加快创新。央行等部门密集出台政策，对加快推进农村金融服务方式创新进行了整体部署，在促进各地、各金融机构创新农村金融产品的同时，也加快了新型农业经营主体金融服务方式创新步伐的加快。在业务模式再造方面，一些金融机构顺应现代农业发展要求，扎实有效地开展了一系列金融服务方式创新活动，包括利用信用共同体提升客户信用评级，鼓励开展农业机械设备、农田水利设施等方面的金融租赁业务，推动建立各类涉农融资担保基金等，积极满足新型农业经营主体多元化金融服务需求。在创新应用新模式方面，一些金融机构开始尝试利用"互联网＋"、PPP模式等新技术，建立电子商务平台，将新型农业经营主体的上下游信息流、物流和资金流整合在一起，大力发展创新型业务模式和金融产品，或借助政府平台和财政扶持政策，通过委托代建、特许经营等方式，将联合增信与项目融资结合起来，对现代农业装备技术推广、高标准农田建设、中低产田改造、水利基础设施建设等项目，创新应用农业PPP融资模式，支持新型农业经营主体流转土地和适度规模经营。

三是金融产品更加丰富。近年来，金融管理部门出台多项政策措施，加快推动农村金融产品创新，引导金融资源更多投向农业领域，创新类金融产品的种类明显增加，业务覆盖范围不断扩大。在信贷产品创新方面，一些金融机构，结合农民专业合作社、家庭农场、农业产业化企业的生产经营模式特点，针对当地种养产业生产、农产品加工与流通、农业生产装备制造等特色农业产业优势的实际，创新推出了"种养贷""加工贷"等一系列农业产业化的专属信贷产品，增强金融产品供给契合度。在保险产品创新方面，先后启动并推广水稻、玉米、小麦、蔬菜、生猪等农产品目标价格保险试点，气象指数保险、水文指数保险等创新型产品也不断涌现，小额贷款保证保险业务得到较快发展。一些保险机构先后推出了农机装备保险、畜牧活体保险、设施农业保险等符合新型经营主体需求的专属保险产品，推动"涉农保险＋涉农信贷"合作模式。

5.4.3　农村产业融合的金融供需矛盾分析

从需求侧来看，新型农业经营主体自身发展处于初级阶段，对金融资源的吸引和承载能力不足，在一定程度上导致其面临融资困境。

一是组织治理结构不健全。新型农业经营主体处于发展的初级阶段，一些经营不规范，市场意识、信用意识、持续发展意识、银政企对接意识都较弱，一些组织治理不健全，资产负债和运营管理缺失，发展模式不确定，介入有风险。尤其是处于孕育探索阶段的农民专业合作社具有松散型合作关系的本质特征，分散在社员手中的产权尚没有通过紧密的链接机制成为有效的法人产权，从而使农民专业合作社很难成为满足银行要求的承贷主体，导致新型农业经营主体在向金融机构申请贷款时困难重重，形成了金融机构与合作社"借贷两难"的尴尬局面。

二是财务管理不规范。在现代技术催生农业产业化的大背景下，新型农业经营主体发展迅速，但发展不够规范，大部分存在"体制不明、管理不强、积累不足"等问题，主要表现在内部章程不够规范、管理机制和内控机制不完善、财务制度不健全，其生产经营财务数据获取困难，信息不对称问题较为突出，金融机构难以依据其不完整的财务报表作出风险识别和信贷决策。一些管理松散，特别是财务管理不规范加上由于农村信用评级结果不能共享，金融机构难以全面掌握产销、成本、盈利及风险等全面信息限制了金融支持。

三是抵押担保物不足。新型农业经营主体信贷需求呈现大额化、长期化，单凭信用授信难以满足贷款需求，在申请融资时普遍缺少金融机构认可的抵押物，而自身虽然有大量农业生产资源，但由于其中的绝大多数资源（如农地、农房、农机）等，普遍存在流动性较低、内涵现金流不足等问题，导致抵押困难，制约了金融机构信贷资金的广泛介入。特别是农民专业合作社，其社员财产总量有限、形态良莠不齐且产权分散，设定抵押权十分繁杂，且债权实现较为困难，制约了其融资行为的实现。

四是农村信用水平偏低。正是基于新型农业经营主体发展的初级阶段，农业生产经营市场中良莠不齐、鱼龙混杂问题突出，主观赖账与客观无力偿还借款交织在一起，使农村信用体系相对薄弱，成为农村金融介入的挡板。

从供给侧来看，尽管近年来各地的农村金融产品创新步伐加快，并取得了明显成效，但仍然存在一些问题和不足，主要表现在金融机构农贷产品的多样性不足，金融服务方式创新依然滞后，新产品、新模式等推广应用不足，覆盖面偏低，不能很好地适应新型农业经营主体生产发展的需要。

一是金融服务方式灵活性不足。例如，市场准入标准高，业务审批流程长，使金融供给与金融需求之间出现错位，不能在额度、利率、期限、程序等方面满足新型农业经营主体多元性需求。对服务对象抵押担保要求过窄、过严，与农村产权多样性的基本特征不匹配，创新针对新型农业经营主体资信特点的风险控制模式依然未能从根本上破题。金融服务创新模式的系统性跟进不到位，未全面、及时地进行总结、提炼和深化，特别是相应的理论研究和标准化整理跟进不足，导致一些创新活动昙花一现，没有得到有效复制和广泛应用。互联网金融、PPP 等现代化金融服务手段是改进农村金融服务的新方向，目前在新型农业经营发展体系的创新应用方兴未艾，相应的模式创新和机制设计需要系统性具体化的深入。

二是金融产品创新特色性不足。现有的金融创新产品基于传统农业基因的金融产品创新较多，而针对新型农业经营主体生产经营特点的金融产品相对较少，基于模仿和借鉴城市金融的吸纳性创新较多，而针对农业、起源于农业的原创性和特色性创新金融产品相对较少，不能适应多样化新型农业经营主体的多元化金融需求。由于农村信用环境相对较差，金融机构出于风险控制的需要，在设计金融产品时，一般都对抵押担保条件做了严格要求，而家庭农场、种养大户、农民专业合作社等大多缺乏有效的抵（质）押物和担保人，农业信贷产品设计与农贷实际需求耦合度低，信贷品种、条件、期限与生产周期不匹配问题突出，导致金融产品与新型农业经营主体的信贷需求难以有效对接。

三是金融市场体系协同性不足。资本市场与新型农业经营主体结合得不够充分，主要表现在一些特色优势明显、发展潜力大的涉农企业没有被发掘，农业产业化龙头企业成长速度慢，上市企业数量较少，直接债务融资工具在新型农业经营主体的推广应用有待加强，农产品期货在新型农业生产经营领域的推广应用依然不足。与农村快速增长的农险需求相比，中国的农业保险在制度体系、保险品种、保障标准、理赔效率、风险转移等方面都存在不同程度的供给约束，还不能满足新型农业经营主体多样化的农业保险需求。金融机构对新型农业经营体系的研究和跟踪不到位，相应金融产品创新的深度不够，金融产品创新的系统性和标准化不足，能复制、易推广、可持续的金融产品有待进一步挖掘。

5.5 金融服务农村产业融合的创新实践

改革开放以来尤其是党的十八大以来，乡村建设、"三农"发展进入了新时代，乡村金融需求、客户主体、建设项目、市场周期等方面发生了重大变化，并对金融支持服务模式提出了新的更高要求。

5.5.1 "银行＋山地旅游＋康养产业＋农业经营主体"模式

"银行＋山地旅游＋康养产业＋农业经营主体"金融服务新模式，总体设计为通过银行注入信贷资金，支持山地旅游产业、康养产业发展，带动周边新型农业经营主体，进而推动小农户向现代农业过渡，实现金融助力旅游产业、康养产业、农业产业、农户多元化一体化发展格局。

这种模式的主要特点和优势在于：主动适应国家构建新发展格局、实现共同富裕战略要求，抢抓国内消费水平提高机遇，充分利用和发挥山形地形自然优势，大力发展山地农业、山地旅游、山地康养，大胆探索金融助力农业、旅游、康养、新型农业经营主体深度融合综合发展特色道路，实现"绿水青山""金山银山"互相支撑，并成为全面推进农业农村现代化建设的一条重要途径。对此，金融机构可以通过绿色金融贷款资金项目、康养产业贷款项目和农家乐信用贷、民宿信用贷，农村房屋抵押贷、门票收入质押贷等多种方式，创新信贷服务产品、提供金融支持帮助。

5.5.2 "财政＋政策性金融＋龙头企业＋小规模农业经营主体"模式

"财政＋政策性金融＋龙头企业＋小规模农业经营主体"金融服务新模式，总体设计为财政部门整合上级转移支付和本级自筹财政资金，政策性银行提供政策性低成本、长周期信贷资金，农业产业化龙头企业通过自筹提供营运流动资金，其中财政资金、政策性银行信贷资金重点投入农业项目固定资产建设，企业自筹资金重点投入农业生产要素和经营性流动资金，进而带动农民专业合作社、家庭农场和农户等小规模农业经营主体发展。

这种新模式的主要特点和优势在于：统筹使用财政、金融和社会资本，筹集资金量较大、资金成本较低。一方面，财政资金、政策性贷款资金通过收取固定资产租金形式获得较为稳定的收益，通过获取收益的再分配壮大财政实力或增加农民收益；另一方面，通过农业产业化龙头企业快速壮大一区一县特色农业产业，建立市场、龙头企业、新型农业经营主体和农户的利益联结，克服新型农业经营主体和农户在市场、融资、技术，甚至企业家精神等方面的不足。

5.5.3　"银行＋乡村振兴建设集团＋村社集体经济组织＋社区村民小组＋农户"模式

"银行＋乡村振兴建设集团＋村社集体经济组织＋社区村民小组＋农户"金融服务新模式，总体设计为政府牵头设立县级、乡镇级乡村振兴建设集团化公司，通过股权投资、联营、合营等市场化运作方式，构建乡村振兴建设集团、村社集体经济组织、社区或村民小组和农民多层次经营主体的合作框架。银行业金融机构与乡村振兴集团"总对总"建立合作关系，为框架体系内各经营主体提供信贷支持、支付结算、金融科技、财务咨询等"一揽子"综合化全方位金融服务。

这种新模式的主要特点和优势在于：组建多层级的市场化经营主体，更有利于集成区县、乡镇、村社力量，有利于调动新型农业经营主体和农户参与发展的积极性，建立稳定的利益链接机制，更有利于激活农村沉淀的土地、林地、圈舍等资产，以市场化方式进行信贷融资，可以克服新型农业经营主体和农户缺乏抵（质）押担保物、财务管理不规范、难以满足银行贷款条件的问题。

5.5.4 "政府＋银行＋财政性风险补偿基金＋融资担保"模式

"政府＋银行＋财政性风险补偿基金＋融资担保"金融服务新模式，总体设计为农业农村委、乡村振兴局等政府部门根据农业农村现代化战略规划、招商引资情况等多渠道信息，设立区域重点农业项目、专业农业经营主体、特色农业产业项目、精品农业产品等方面的经营主体名单，并针对名单内经营主体设立投入专项财政性资金设立风险补偿基金、融资担保公司担保和商业银行各分担"1/3"信用风险的风险分担模式，有效解决商业银行"拒贷、慎贷、不敢贷"问题。

这种新模式的主要特点和优势在于：有效解决商业银行和企业信息不对称问题。政府利用信息优势搭建起企业和商业银行沟通平台，减少信贷资源错配，让资金投入到政府支持、经营良好和风险可控的优质企业；通过构建 3 个"1/3"的风险分担模式，便于充分发挥财政资金调控和功能作用，缓解商业银行信用风险，增强商业银行信贷投放意愿。

5.5.5 "政府招商引资＋工业企业＋商贸企业＋银行资金配套＋农业经营主体"模式

"政府招商引资＋工业企业＋商贸企业＋银行资金配套＋农业经营主体"金融服务新模式，总体设计为政府负责制定土地规划、产业规划，监管土地用途，通过招商引资引进大型连锁超市、商贸企业，负责农产品品牌建设、产品定价和销售渠道等，引进大型工业企业负责基础设施建设，家庭农场、专业合作社等农业经营主体负责组织开展农业生产，商业银行开展同项目主体建设相配套的贷款支持。

这种新模式的主要特点和优势在于：通过"工业反哺农业""城市反哺农村"方式快速推进农业农村现代化，有利于解决标准农田建设、耕地宜机化改造、高质量农产品生产方面对资金投入、科技投入需求量较大的难题，大型商贸企业、工业企业资金实力强，财务制度健全、管理规范，更有利于企业客户获得商业银行信贷支持服务。

5.5.6 "银行＋龙头企业＋农业服务公司＋农业产供销经营主体"的"供应链"融资模式

"银行＋龙头企业＋农业服务公司＋农业产供销经营主体"的"供应链"融资新模式，总体设计为商业银行充分利用区块链、大数据等金融科技手段，围绕产业化龙头企业，创新订单贷、应收账款质押、存货抵押、仓单质押等信贷产品，为龙头企业的上、下游经营主体客户提供信贷支持服务。

这种"供应链"融资服务新模式的主要特点和优势在于：一是充分利用发展迅速的区块链、大数据等先进信息技术，符合"互联网＋"农业的未来发展趋势；二是有利于商业银行根据农业产业链供需信息、生产信息、购销合同等信息资料，研究判断经营主体经营真实性和资金需求量，符合"资金跟着市场走"的商业信贷原则，有助于商业银行创新开展信用贷、订单贷、应收账款质押贷、存货抵押贷等信贷服务产品；三是完全由市场主导，不需要政府财政投入，可直接减少政府财政资金投入压力，缓解政府财政资金不足的矛盾。

5.5.7 "政府＋银行＋保险＋新型农业经营主体"模式

"政府＋银行＋保险＋新型农业经营主体"金融服务新模式，总体设计为保险金融机构紧跟"一县一业""一村一品"产业发展主流市场，大力发展和推广农业成本保本保险和收益保险等特色保险金融服务产品，政府提供保险资金补贴，商业银行"见保即贷"，为新型农业经营主体发展提供信贷支持帮助。

这种新模式的主要特点和优势在于：充分发挥金融保险行业风险分散和收益保障作用，通过保险金融服务产品保障农业经营主体收益，进而保障银行信贷资金安全。在该模式下，农民专业合作社、家庭农场、个体经营户等小微型农业经营主体可通过保险保障申请获得银行信贷支持，通过银保合作缓解农业弱质性问题，实现银保共赢、优势互补，共同助力农业农村现代化建设。

5.5.8 "政府＋银行＋多层担保＋新型农业经营主体"模式

"政府＋银行＋多层担保＋新型农业经营主体"金融服务新模式，总体设计为政府牵头搭建"国家融资担保基金＋省（市）级再担保＋省（市）级农业担保＋区县农业担保"的多层级农业融资担保体系，提高农业信贷担保规模，增强融资担保公司风险承受和分担能力，商业银行"见担即贷"，为新型农业经营主体提供信贷支持服务。

这种新模式的主要特点和优势在于：有效解决"农业弱质性"和"农业融资担保政策性、公益性"叠加的低收益、高风险问题，集成中央、省市和区县财政资金力量，构建层次丰富、多级联动的风险分担体系。

5.5.9 "农业产业发展基金＋银行＋新型农业经营主体"模式

"农业产业发展基金＋银行＋新型农业经营主体"金融服务新模式，总体设计为探索设立"投贷联动"模式，建立政府主导、社会资本参与的农业产业发展基金，支持农业现代产业园、农业特色生产基地等大型园区和畜禽遗传改良计划、现代种业、山地农业机械等关键科技发展项目，商业银行通过信用贷款、知识产权质押贷、商业信用价值贷等对产业基金扶持主体提供信贷支持服务，从而形成长短期资金、股权投资和信贷资金互补的整体优势和功能作用。

这种新模式的主要特点和优势在于：一是有利于解决农业经营规模性问题，加快发展现代化农业园区、农业特色生产基地、农业产业强镇等农业农村重大项目，分区域、分步骤地有序推进农业农村现代化；二是有利于通过"投贷联动"，支持农业科技主体综合运用直接融资和间接融资，建立多层次的农业科技投入融资体系，助力解决农业"卡脖子"关键技术问题。

5.5.10　"政府性债券＋银行＋新型农业经营主体"模式

"政府性债券＋银行＋新型农业经营主体"金融服务新模式，总体设计为地方政府发行一般债券和专项债券，主要用于现代农业设施建设和乡村建设行动，商业银行为政府债务资金支持范围内的新型农业经营主体提供弱担保，甚至信用贷款支持服务。

这种新模式的主要特点和优势在于：一是通过地方政府发行一般债券或专项债券，可以大大缓解地方政府财力不足、财政投入有限问题，更加有利于加大财政资金、政策性资金对农业产业发展、农村现代化建设的资金投入力度；二是有利于发挥财政资金、政策性资金的放大效应和引导功能作用，通过财政资金、政策性资金对农业农村基础设施建设和产业基础投入，引导商业银行为具有一定产业发展基础、经营稳定良好的经营主体和中小微农业经营企业提供信贷资金支持服务。

5.6　金融服务农村产业融合的政策建议

推进农村产业融合，实现农业农村现代化，必然要求加快发展农村金融服务，打通金融服务的堵点难点，畅通金融活水进入农村产业的渠道。

5.6.1　积极培育新型农业经营主体

发展适度规模经营是现代农业的重要方向，依托农业双层经营体制推进农业产业振兴是当前我国农业农村现代化的关键。农村金融工作应契合农村产业现代化发展的内在要求，支持有条件的小农户成长为家庭农场，支持家庭农场组建农民合作社，支持合作社根据发展需要办企业，以有效的金融支持加快健全农业社会化服务体系，积极培育新型农业经营主体。农村金融服务应围绕构建现代农业产业体系开展具体业务，积极支持经营权流转、股份合作、代耕代种、土地托管等多种形式的适度规模经营。支持符合条件的涉农企业上市、新三板挂牌和融资、并购重组，深入推进农产品期货期权市场建设，利用好资本市场支持产业化龙头企业贯通生产、加工、销售全产业链条，在一、二、三产业的融合发展中畅通城乡要素流动，推进农村产业振兴。

5.6.2　积极支持农业资源要素集聚

对接各地新型城镇化发展规划，支持农产品加工、商贸物流等专业特色小城镇建设，助力农村二、三产业向县城和重点乡镇集中。对接国家引导农产品深加工企业向优势产区和关键物流节点集中的政策，积极支持农业产业化示范基地、现代农业示范区等园区（基地）建设，为入驻企业提供全方位金融服务。以大型农产品集散中心、物流配送中心和展销中心等为重点，支持农产品流通体系的发展。聚焦农业科技园区、育种制种基地等农业科技创新主体，积极探索金融支持农业科技企业、科技园区的有效模式。抓住科技金融带来的重大机遇，针对农村地区客户和服务需求特点，加快推出全功能的"三农"互联网金融服务平台，开发适合农村的线上产品，将传统物理网点优势与互联网电子渠道有机结合，拓展手机银行、线上融资、涉农供应链等多元化金融服务渠道。

5.6.3　积极支持农业综合功能开发

加强与政府、企业等主体合作，支持其推进农业与教育、文化、养老、旅游、互联网等产业深度融合。围绕农业设施化、融合化、园区化、绿色化、数字化等农业现代化建设重点，金融机构创新全要素资源统筹一体化、全域综合开发、政府和社会资本合作（PPP）等融资模式，支持农业种养基地、仓储烘干、初深加工、冷链物流、设施农业、智慧农业、绿色农业以及区域品牌等重大项目建设。综合运用融资租赁、文化发展基金、商业保险、金融债券等金融工具，在传统文化资源整理创新、乡村文化产业发展、文化宣传设施建设等方面提供有效资金保障，助力结合不同村庄区域自然景观和乡土文化资源开发乡村文化产业。依托旅游、金融大数据，遴选出一批有发展潜力、有市场前景的乡村休闲旅游市场主体，通过开发文旅贷、特色农业贷等金融产品，形成资金良性循环机制，扶持打造乡村休闲产业新产品新业态，支持开展丰富多彩的农耕文明体验活动。加强农产品电商平台及互联网金融"三农"服务平台的建设，积极支持创意农业、高科技农业、会展农业等新兴业态的发展。

5.6.4　积极支持农业绿色转型升级

"绿水青山就是金山银山"，农业农村的现代化是人与自然和谐共生的现代化。金融机构在农村开展业务时，必须践行绿色发展理念，充分考虑到乡村生态环境的脆弱性和可持续性，因地制宜开发绿色信贷、绿色基金、绿色债券、绿色保险和碳金融等绿色金融产品，支持有机农业、生态农业等有助于农村资源环境及生态保护、节能增效、资源可循环利用产业的发展，发挥优势开拓休闲农业、乡村旅游、农村电商等新产业新业态新模式，将生态环境保护和农村产业可持续发展统筹协调起来，推动生态和经济协调发展、人与自然和谐共生。

5.6.5　加快培育农村金融服务组织

加快构建大型商业银行、政策性银行、农村信用社、村镇银行、小额信贷机构等协调发展的农村金融服务组织体系，尤其是推动农村信用社加快改革。进一步把大中型银行和政策性银行的三农金融事业部、普惠金融事业部专业化建设做实，进一步发挥农村信用社、农村商业银行、村镇银行接地气方面的优势。构建新型普惠融资服务体系，探索建立农村综合产权流转交易市场，设立农村金融服务总公司，铺设村级金融基础服务站，加强农村信用信息动态化采集与应用，努力破解"信息不畅"难题。积极推动供销集团、农垦集团发展，充分发挥其联结农户多和熟悉客户情况的优势，加大高标准农田建设贷款、农业水利设施建设贷款、农机租赁等业务拓展力度。

5.6.6　加快完善农村金融政策体系

积极发挥政策导向作用，加强信贷、产业、财税、投资政策的协调配合，引导金融资源服务农业现代化。完善保险及担保制度，建立政策性担保机构、担保基金、保险机构，针对农业现代化发展特性和农村市场发展现实，创新大额巨灾保险、气象指数保险等，构建"保险＋期货""保险＋期权""订单农业＋保险＋期货"等联动机制，化解新型农业经营主体和农户的自然风险。积极发挥证券期货市场在服务农业现代化中的作用，加快生猪期货、玉米期权、大豆期权等新工具、新产品的上市步伐，支持更多的涉农企业积极参与期货市场，帮助农户和涉农企业管理价格波动风险。

第6章　金融服务乡村振兴：
基于农民增收减贫视角

6.1　农民增收减贫及其金融问题研究综述

金融发展与减贫的关系，很早就引起了学术界的关注。对于金融发展能否促进贫困人群收入增长，学者研究的结果并不一致。部分学者研究得出金融发展能够提升贫困户的收入水平，如 Kirkpatrick 和 Jalilian（2001）使用了 26 个国家的经济金融和贫困人口数据，采用二次回归模型检验金融发展对贫困人口收入的影响，研究发现，发展中国家的金融发展水平提高 1 个百分点，贫困人口的收入将会增长 0.4 个百分点。Burgess 和 Pande（2004）实证研究发现，当农户开户量增加 1 个百分点时，贫困发生率可减少 0.34 个百分点。Beck（2008）研究发现，金融体系较发达的国家，金融发展能够消除不平衡，减少贫富差距。Selim A 和 Kevin（2009）发现，金融的持续发展能够缩小收入分配的不均衡，从而促进贫困减缓。Jeanneney S G 和 Kpodar K（2011）运用 1996—2010 年 100 个发展中国家的数据，分析收入分配和减贫之间的关系发现：金融发展能够降低交易成本，从而增加贫困群众的收入，起到减贫效果。Honohan P（2014）表示金融发展能够减少贫困地区收入分配差距，从而起到贫困减缓作用。

目前文献大多集中于普惠金融发展通过促进乡村发展，提高居民收入实现减贫。李明贤、李学文（2007）提出，普惠金融通过增加贫困家庭收入来实现减贫。Bakhtiari（2006）研究发现，普惠金融通过促进消费、更好地帮助贫困人口管理风险、提升贫困人口拥有资产的规模，帮助贫困人口发展产业来实现贫困人口增收；还有部分学者认为普惠金融通过改善资源配置效率，优化市场环境来减少贫困。Swamy（2014）运用印度的数据进行分析，研究发现普惠金融存在减贫效应。Sehrawat 和 Giri（2015）、Garcia – Herrero 和 Turegano（2015）研究发现普惠金融发展，尤其是信贷覆盖面的增加有利于促进城乡差距缩小。Kovtun 等（2014）指出普惠金融发展可以扩大金融服务的范围，从而促进偏远地区贫困群众和微型企业发展，提高贫困地区收入水平。贾立、王红明（2010）运用 1978—2008 年的相关数据进行了实证分析，结果显示西部地区农村金融发展规模、结构以及农村投资水平与农民收入之间呈正向相关关系。马彧菲（2017）运用 2005—2013 年数据构建普惠金融指数，发现普惠金融发展对促进减贫具有积极效应。陈华和孙忠琦（2017）运用 1995—2014 年的省际面板数据进行研究发现金融发展能促进贫困减缓。闫啸、牛荣（2017）采用陕西、宁夏 1771 户农户金融情况的调研数据研究发现，在控制了农户个体特征、创收能力和社会地位等变量后，农户借贷对农户收入具有显著的正效应，使农户人均收入平均提高 21.24%。刘小晴、杨林娟（2018）对甘肃农村地区普惠金融发展情况进行研究，发现普惠金融的发展能显著促进农民增收，这种效应在经济发达的地区更为显著。农村金融发展对农民收入增长的影响具有非线性关系，存在门槛值，在不同的农村经济金融发展水平上，对农民收入增长的影响程度不同。刘芳（2017）运用 PVAR 模型对 2005—2013 年我国集中连片特困区 435 个国定贫困县的金融发展水平和贫困程度间的动态关系进行检验，结果表明之间具有非线性关系。刘宏霞等（2018）运用门槛效应模型对西部 11 个省份的数据进行分析，发现农村金融对贫困的减缓存在门槛特征。崔金平等（2018）运用 31 个省市面板数据进行研究发现金融发展具有减贫效应，且作用效果具有显著的门槛效应。

6.2　金融助推农民增收减贫的理论分析

金融是促进经济增长的重要力量，通过经济增长可促进农民收入增加，带动减贫。Nanda 和 Kaur（2016）对 68 个国家 2004—2012 年的国别数据研究分析，普惠金融发展与经济发展目标相协调可以显著促进地区经济增长。宋汉光等（2014）用 2005—2012 年 G20 国家的跨国数据进行分析，发现普惠金融发展比金融发展深度对经济的促进作用更加明显。杨燕（2015）运用我国 2005—2013 年的省际数据进行研究，也发现普惠金融的发展对于促进经济增长具有重要的作用。Sahay 等（2015）研究指出，普惠金融不仅能够促进经济发展、经济稳定等目标的实现，也能促进贫困居民福利的增加。王伟和朱一鸣（2017）研究指出，金融发展通过促进经济增长可以实现减贫的效果，而经济增长起到很好的中介作用。部分文献研究发现普惠金融减贫效应存在区域差异。例如，卢娟红和谢升峰（2014）研究发现，普惠金融发展有助于减小中西部收入差距，但扩大了东部收入差距。陆凤芝和黄永兴（2017）的实证结果表明，普惠金融先促进后抑制东部收入差距的扩大，持续减少中部收入差距，对西部收入差距影响不显著。而武丽娟和徐璋勇（2018）研究表明，在东部地区金融发展对经济增长和减贫具有显著的正向作用，但在中西部地区仅对减贫作用显著。杜强和潘怡（2016）运用我国 31 个省市区 2006—2013 年的省际数据进行实证检验，金融发展促进了中西部地区经济增长，但在东部地区对经济增长产生了抑制效应。杜莉和潘晓健（2017）研究发现，不同区域间普惠金融发展对经济的作用效果不同，而且东、中、西部存在递减效应。谭燕芝和彭千芮（2018）认为，普惠金融发展不仅可以促进经济增长，提高居民收入，也可以通过外溢效应促进周边地区减缓贫困。

金融发展对贫困的直接作用主要体现在金融的可获得性上，这种影响主要是通过微型金融的形式使穷人直接参与更多的金融活动、获得更多的金融服务，从而提高预期收入，最终减少贫困。部分学者认为金融的发展有助于穷人更容易获得所需的信贷支持。Beck 和 Martinez – Peria（2007）研究指出，由于贫困人群抵押物较难获得，在金融市场不完善的情况下很难获得所需的信贷支持，随着普惠金融的发展，穷人更容易获得生产所需的信贷支持，从而提高收入水平。英国国际发展部（DFID，2004）认为金融发展有两种渠道促进减贫，一种是为贫困户提供贷款，帮助其进行生产经营，从而提高收入；另一种是提供储蓄、汇兑等业务，帮助其积累资金。国内相关研究集中在小额信贷产品、支农再贷款、普惠金融等对贫困的减缓效应。丁志国等（2011）运用全国省际面板数据研究发现，农村金融发展有利于促进减贫，而信贷资金的可获得性直接制约了减贫。邵汉华（2017）运用90 个国家2004—2014 年的面板数据进行研究，发现金融可获得性的增加可以促进减贫。吴铁山等（2017）通过对科尔沁左翼后旗支农再贷款支持农村经济发展状况发现，支农再贷款的使用有效改善了农村信用社经营状况，促进农民增收、农业结构调整，发展特色农业产业，缓解了农民贷款难问题，地区贫困状况也得到大幅改善。许航峰等（2016）对普洱市支农再贷款政策效果进行分析发现，支农再贷款促进了贫困人口增收和农业产业发展。卢盼盼等（2017）对普惠金融减贫机制和减贫效果进行分析，发现其减贫效应明显，普惠金融使贫困人口的金融服务可获得性不断提高，从而实现增收脱贫。胡宗义等（2017）研究发现，普惠金融发展与贫困程度存在显著的非线性关系，并表现出显著的单一门槛特征。在跨越门槛值之前，普惠金融水平越高，减贫效果越好，跨越门槛值之后，普惠金融发展水平越高，减贫效应越弱。单德朋、王英（2017）认为，金融发展和金融可得性提升对平均收入提高具有明显促进作用，但是对贫困减少的帮助不大，而地区经济增长则有助于减贫。Jeanneney 和 Kpodar（2008）认为，贫困人口不仅可以通过储蓄来累积资金，而且储蓄可以带来利息收入，并可以增加贫困人口抵御风险的能力。Beverly 和 Sherraden（1999）表示绝大多数贫困人口尽管不可能经营企业，但会不定期进行储蓄。Robinson（2014）表示对于贫困家庭，在很多情况下储蓄是优于贷款的金融工具。Burgess 和 Pande（2005）基于印度农村地区的银行数据研究发现，在农村设立的银行数量每增加 1 个百分点，贫困发生率将降低 0.34 个百分点。Geda 等（2006）基于埃塞俄比亚 1994—2000 年的家庭数据进行分析，储蓄产品的使用可以显著地使贫困群体消费平滑、贫困降低。Manji（2010）进一步研究表明，金融服务获得性与贫困发生率的相关关系为负。卢盼盼（2017）运用系统 GMM 模型研究 2005—2014 年 31 个省份普惠金融发展与减贫的关系，发现贷款对减贫效应的作用更为明显。

很多学者研究表明，银行作为重要的金融组织形式，对于发展普惠金融，提高贫困地区金融服务可及性和效率具有重要的作用，而发挥银行等金融机构的作用、提升贫困地区服务水平是促进普惠金融发展进而实现减贫的重要内容。例如，Burgess 和 Wong（2005）研究发现，1977—1990 年印度银行发展水平越高，贫困减缓作用越强。Swamy（2012）分析 1975—2007 年普惠金融发展对印度经济的影响发现，贫困人口融资可获得性具有重要作用。Gopalan 和 Rajan（2015）表示，普惠金融可以使贫困家庭和小微企业不被正规金融排除，从而减少收入差距。Owen 和 Pereira（2016）表示，拓宽金融服务渠道、提高金融服务覆盖面可以促进经济发展。Burlando 和 Canidio（2017）发现高效的银行可以服务更多的穷人。周孟亮和李明贤（2011）认为，普惠金融的减贫机制需要大型银行和中小银行共同合作来实现。王娇和周颖（2017）研究发现，提高网点覆盖率有助于减贫，而增加 ATM 和 POS 机等基础金融服务设备的布设对于减贫也具有重要作用。中国人民银行和世界银行（2018）发布了《全球视野下的中国普惠金融：实践、经验与挑战》，报告显示推进助农取款服务点的建设有效提高了正规金融服务的覆盖面。张雄和张庆红（2019）运用 2013 年数据分析金融包容与贫困减缓之间的关系，研究发现金融包容减缓西部贫困的作用大于东部和中部。车树林和顾江（2017）利用全国 31 个省份 2006—2015 年的平衡面板数据进行研究，发现包容性金融的发展能显著减缓农村人口的贫困状况。另外一些学者从金融科技、信贷模式创新等方面分析了金融发展对减贫的作用。Jones（2008）认为改善信贷策略能提升减贫的效果。Chandran（2010）表示，金融科技是降低金融服务成本的重要手段，电子支付系统显著提升普惠金融减贫效果。宋晓玲和侯金辰（2017）运用40 个发展中国家和 25 个发达国家的数据进行研究发现，互联网技术的发展和使用能促进减贫。

近年来，学者开始关注金融发展伴随的金融自由化对减贫效应的影响，部分研究认为，金融自由化带来的金融波动风险可能使贫困加剧。Arestis 和 Glickman（2002）指出，金融自由化带来金融波动风险会对减贫效应产生重大的影响，金融风险不仅会弱化甚至抵消金融发展带来的减贫效应。Arestis 和 Caner（2004）认为金融危机是对贫困人群的脱贫能力与生活质量的重大打击。Jeanneney 和 Kpodar（2005）指出，金融波动给贫困群体带来明显的负面效应，甚至可能超过金融发展所带来的正面效应。Akhter 等（2009）认为，在不稳定条件下贫困人口更易遭受损失。何雄浪、杨盈盈（2017）利用 2000—2012 年 31 个省、市、自治区的面板数据进行研究，发现金融发展水平与贫困减少不是线性关系，二者可能存在倒"U"形关系，即存在先抑制后改善的效应。黄敦平（2019）基于我国 30个省市 2010—2016 年面板数据构建普惠金融发展指数，研究发现普惠金融发展对我国农村贫困人口的减少具有显著的正向效应。

6.3　金融助推农民增收减贫的实证分析

基于 2000—2012 年重庆市 38 个区县的面板数据，运用面板数据向量自回归（PVAR）模型，对主城核心区、1 小时经济圈、渝东北翼、渝东南翼 4 个区域板块城镇化、工业化与城乡收入差距之间的动态关系进行了计量分析。面板数据能够获得更多的样本观测值，为有效估计向量自回归模型参数提供条件。Pearran 和 Smith（1995）对面板数据向量自回归模型进行了开创性研究，发现对于宏观面板数据（即观测样本较少，观测时点较大），可以通过对每个变量的个体平均时间序列数据建立时间序列向量自回归模型的方法估计模型参数，并且这种估计是一致的。Binder、Hsiao 和Pesaran（2005）对纵剖面时间序列独立的微观面板数据进行了研究，给出了个体固定效应面板数据向量自回归模型的 QML 估计、GMM 估计和 MSE 估计，并且发现三种参数估计方法都是渐进正态分布的一致估计。Canova（1995）、Canova 和 Ciccarelli（2004）对纵剖面时间序列相关的微观面板数据进行了研究，提出了一种基于分层贝叶斯后验估计方法（Hierarchical Bayesian Posteriori Estimation Method，BPE）的面板数据向量自回归模型，并且将 PVAR 模型和指数模型（Stock 和 Watson，1998）相结合，采用贝叶斯后验估计方法和马尔可夫链蒙特卡洛模拟方法（Markov Chain Monte Carlo Simulation Method，MCMC），解决了不同个体和不同变量的模型系数存在时间变异的问题，在应用中具有良好的性质。

（1）模型设定。借鉴 Binder、Hsiao 和 Pesaran（2003）建立的面板数据自回归系统：

$$Y_{it} - \Phi_1 Y_{i,t-1} - \Phi_2 Y_{i,t-2} - \cdots - \Phi_p Y_{i,t-p} - \Psi_1 X_{i,t-1} - \Psi_2 X_{i,t-2}$$
$$- \cdots - \Psi_p X_{i,t-p} = \gamma_i + u_{it}$$

其中，$i = 1, 2, \cdots, N$，$t = p+1, p+2, \cdots, T$；Y_{it} 是个体 i 在时点 t 的 m 个可观测随机变量的 $m \times 1$ 向量，X_{it} 是个体 i 在时点 t 的 m 个可观测外生变量的 $m \times 1$ 向量，Y_i 是个体 i 的 m 个不可观测的固定效应的 $m \times 1$ 向量，Φ_l 和 Ψ_l 分别是 l 期滞后变量 Y_i，$t-1$ 和 X_i，$t-1$ 的 $m \times m$ 系数矩阵。我们引入滞后算子 L 的 p 阶多项式 $\Phi(L) = 1 - \Phi_1 L - \Phi_2 L^2 - \cdots - \Phi_p L^p$，则面板数据自回归模型简记为：

$$\Phi(L)(Y_{it} - \eta_i - \delta_t) = u_{it}$$

由于存在不可观测的个体固定效应 γ_i，所以在估计模型前要将它们消除，剔除个体固定效应 γ_i 的常用方法是在原始模型的基础上估计一阶差分模型，即：

$$\Delta Y_{it} - \delta = \Phi_1(\Delta Y_{i,t-1} - \delta) + \Phi_2(\Delta Y_{i,t-2} - \delta) + \cdots + \Phi_p(\Delta Y_{i,t-p} - \delta)$$
$$+ \Psi_1(\Delta X_{i,t-1} - \delta) + \Psi_2(\Delta X_{i,t-2} - \delta) + \cdots + \Psi_p(\Delta X_{i,t-p} - \delta)$$
$$+ \Delta u_{it}$$
$$\Lambda = \begin{bmatrix} \Phi & \Psi \end{bmatrix}', Q_{it} = \begin{bmatrix} 1 & Y'_{i,0} & \cdots & Y'_{i,t-p-1} \end{bmatrix}',$$
$$R_i = \begin{bmatrix} \Delta Y_{i,t-1} \cdots \Delta Y_{i,t-p} \Delta X_{i,t-1} \cdots \Delta X_{i,t-p} \end{bmatrix}$$

Q_i 是由 Q_{it} 构成的对角矩阵，通过求解如下最小化问题得到 Λ 的 GMM 估计。

$$\min \left\{ \begin{array}{l} \left[\sum_{i=1}^{N} \left((Q_i \otimes I_m) Vec(\Delta Y_i) - (Q_i R_i \otimes I_m) Vec(\Lambda) \right) \right]' \\ \times \left[\sum_{i=1}^{N} \left((Q_i \otimes I_m) Vec(\Delta Y_i) - (Q_i R_i \otimes I_m) Vec(\Lambda) \right) \right] \\ \times \left[\sum_{i=1}^{N} (Q_i \otimes I_m) \sum (Q_i \otimes I_m)' \right]^{-1} \end{array} \right\}$$

（2）变量说明。城乡收入泰尔指数（THEIL）。国内外学者提出很多测量居民收入差距的指标，比较有代表性的指标有城乡居民人均可支配收入比、城乡居民人均消费支出比以及基尼系数（Gini coefficient）、泰尔指数（Theil index）等。在现有文献中，常用城镇人均可支配收入与农村人均纯收入之比作为度量城乡收入差距的指标。由于我国是一个农业大国，城乡经济呈现出显著的二元结构，农村人口占有较大的比重，因此这一度量方法没有反映城乡人口所占比重的变化，不能准确度量城乡收入差距（王少平和欧阳志刚，2007）。鉴于城乡收入差距因二元经济结构特征主要体现为两端的变化，本书借鉴 Shorrocks 的研究选择泰尔指数（THEIL）作为度量城乡收入差距的指标。以 $THEIL_t$ 表示 t 时期的泰尔指数，其计算公式为：

$$THEIL_t = \sum_{j=1}^{2} \left(\frac{R_{jt}}{R_t} \right) \ln \left(\frac{R_{jt}}{R_t} \bigg/ \frac{N_{jt}}{N_t} \right) = \left(\frac{R_{1t}}{R_t} \right) \ln \left(\frac{R_{1t}}{R_t} \bigg/ \frac{N_{1t}}{N_t} \right) + \left(\frac{R_{2t}}{R_t} \right) \ln \left(\frac{R_{2t}}{R_t} \bigg/ \frac{N_{2t}}{N_t} \right)$$

其中，$j=1$、2 分别表示城镇地区和农村地区，N_{jt} 表示城镇地区（$j=1$）或农村地区（$j=2$）的常住人口数量，N_t 表示常住人口总量，R_{jt} 表示城镇地区（$j=1$）或农村地区（$j=2$）的收入总额（用相应的常住人口数量和人均收入之积表示），R_t 表示收入总额。

城镇化率（URB）。城镇化率又称城市化率、城市化度、城市化水平指标，通常用市人口和镇驻地聚集区人口占全部人口（人口数据均用常住人口而非户籍人口）的百分比来表示，是一个国家或地区经济发展的重要标志。近年来，针对城市日益多元的综合性发展，协同考虑人口、土地、文化、环境等多因素，国内外众多研究机构和学者纷纷从不同角度构建了一系列复合型城镇化评价指标体系，但在评价因子和评价权重方面带有较强的主观性和随意性。因此，本书选择城镇化率作为反映人口向城镇聚集过程和聚集程度的指标，并做对数化处理，以消除变量之间的量纲差异和可能存在的异方差。以 URB_t 表示 t 时期的城镇化率，其计算公式为：

$$USB_t = \frac{n_{jt}}{N_t} \times 100\%$$

非农产值比（IND）。工业化有狭义与广义之分。狭义的工业化通常被定义为工业（特别是其中的制造业）或第二产业产值（或收入）在国民生产总值（或国民收入）中比重不断上升的过程。工业发展是工业化的显著特征之一，但工业化并不能狭隘地仅仅理解为工业发展。因为工业化是以工业发展为核心由传统农业社会向现代工业社会转变的过程。在此过程中，工业发展不是孤立进行的，而总是与交通运输、仓储和邮政业、信息传输、计算机服务和软件业、批发和零售业、金融业等生产服务部门的发展相辅相成的。党的十六大报告对新型工业化道路的战略部署中特别指出，通过推进产业结构的优化升级，形成以高技术产业为先导，基础产业和制造业为支撑、服务业全面发展的产业格局。所以，工业化进程在广义上可以理解为以农业增加值比重下降和非农产业增加值比重上升的经济结构优化升级的过程。非农产值比是第二产业增加值与第三产业增加值之和在地区生产总值中的比重。考虑到数据的可得性以及指标的使用惯例，本书选择非农增加值比重作为广义工业化进程和水平的代理变量，也做对数化处理。以 IND_t 表示 t 时期的非农产值比，其计算公式为：

$$IND_t = \frac{V_{2t} + V_{3t}}{V_t} \times 100\%$$

其中，V_{2t}、V_{3t} 分别表示第二产业和第三产业的增加值，V_t 表示地区生产总值。

（3）数据来源。样本期间选择 2000—2012 年，包含 38 个区县横截面单元，原始数据来自《重庆统计年鉴》。由于 2000—2006 年各区县城镇居民人均可支配收入数据不全，本书根据 2007—2012 年城镇居民人均可支配收入占城镇非私营单位就业人员年平均工资的比率，乘以 2000—2006 年各区县城镇非私营单位就业人员年平均工资推算出的相应城镇居民人均可支配收入数据。基于重庆市区域经济板块研究的角度，我们将重庆 38 个区县分为主城核心区、1 小时经济圈、渝东北翼、渝东南翼共 4 个区域板块，如表 6-1、表 6-2 所示。

表 6-1　　　　　　　　　　各区域板块区县一览

主城核心区	渝中区；北碚区；巴南区；江北区；南岸区；渝北区；沙坪坝区；九龙坡区；大渡口区
1 小时经济圈	涪陵区、长寿区、江津区、合川区、永川区、綦江区、南川区、大足区、铜梁县、潼南县、荣昌县、璧山县
渝东北翼	万州区、梁平县、城口县、丰都县、垫江县、忠县、开县、云阳县、奉节县、巫山县、巫溪县
渝东南翼	黔江区、石柱县、秀山县、酉阳县、武隆县、彭水县

表 6-2　　　　　　　　各区域板块面板数据变量统计特征

板块	变量	样本数	截面数	平均值	中位数	最大值	最小值	标准偏差
全市层面	THEIL	494	38	0.0845	0.0862	0.2156	0.0000	0.0511
	URB	494	38	1.5727	1.5531	2.0000	1.0305	0.2569
	IND	494	38	1.9064	1.9083	2.0000	1.7124	0.0625
主城核心区	THEIL	117	9	0.0247	0.0026	0.1014	0.0000	0.0334
	URB	117	9	1.9270	1.9867	2.0000	1.5690	0.1005
	IND	117	9	1.9769	1.9883	2.0000	1.8341	0.0322
1 小时经济圈	THEIL	156	12	0.0831	0.0853	0.1417	0.0065	0.0289
	URB	156	12	1.5894	1.6149	1.7805	1.2215	0.1253
	IND	156	12	1.9100	1.9154	1.9705	1.8028	0.0355
渝东北翼	THEIL	143	11	0.1141	0.1193	0.2108	0.0153	0.0384
	URB	143	11	1.4108	1.4051	1.7671	1.1072	0.1395
	IND	143	11	1.8660	1.8783	1.9695	1.7124	0.0538
渝东南翼	THEIL	78	6	0.1231	0.1336	0.2156	0.0254	0.0453
	URB	78	6	1.3050	1.2992	1.6287	1.0305	0.1648
	IND	78	6	1.8675	1.8806	1.9894	1.7292	0.0583

（4）描述分析。根据城乡收入泰尔指数计算公式，分区域板块绘制出各区县的城乡收入泰尔指数变化图，如图6-1所示。

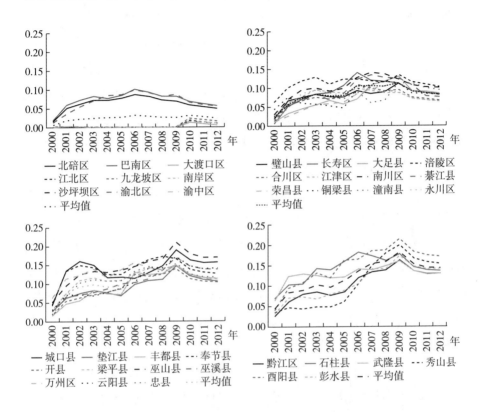

图6-1 重庆市各区域板块城乡收入泰尔指数变化图

从图6-1可以看出，重庆市绝大多数区县城乡收入泰尔指数曲线呈现出显著的倒"U"形特征。但各个区域板块在总体呈现倒"U"形特征的基础上，也具有自身特点。从倒"U"形曲线最高点的相应数值来看，渝东北翼和渝东南翼两大板块内各区县最高点的数值较大，酉阳县城乡收入泰尔指数最高值0.2156，巫山县城乡收入泰尔指数最高值0.2108，分别位于渝东北翼和渝东南翼各区县首位。1小时经济圈内各区县最高点的数值略低，长寿区城乡收入泰尔指数最高值0.1201，位于1小时经济圈各区县首位。主城核心区内各区县最高点的数值最低，巴南区城乡收入泰尔指数最高值0.1014，位于主城核心区各区县首位。从倒"U"形曲线最高点出现的时间来看，主城核心区各区县最高点出现时间最早，集中在 2006 年；1 小时经济圈各区县最高点出现时间略晚，陆续分布于 2006—2009 年；渝东北翼和渝东南翼各区县最高点出现时间最晚，集中在 2009 年。渝东北翼各区县在 2002 年曾达到阶段性高点，2003—2005年出现阶段性下降，此后又出现反弹性上升；渝东南翼则总体上处于持续上升状态，2005—2009 年上升速度尤为明显。这种状况是由于城镇化对城乡收入差异的多种方向相同或与方向相反的作用相互叠加或抵消，使城镇化对城乡收入差异的净效应错综复杂，往往在不同地区和不同时期表现出不同特征。库兹涅茨倒"U"形曲线假说认为，工业化和城市化进程中，城乡收入差距在一个相当长的时间内会随着城市化水平的提高而提高，当城市化水平达到一定的程度后，城乡收入差距将逐步减小，直至基本平衡。重庆绝大多数区县城乡收入泰尔指数曲线呈现出显著的倒"U"形特征，在形态上与库兹涅茨倒"U"形曲线较为相似，这在很大程度上反映了各区县城镇化水平和所处发展阶段的差异，但考虑到本书时间跨度相对较短，是否在长期趋势上符合库兹涅茨倒"U"形曲线假说有待后续在更长的时间跨度上加以检验。

（5）估计结果。为确保估计结果的稳健性，在对变量进行计量分析前，要对各面板数据序列的平稳性进行单位根检验，面板单位根检验可以使用 LLC、IPS、Breintung、ADF－Fisher、PP－Fisher、Hadri 等方法。本书对全市层面、主城核心区、1 小时经济圈、渝东北翼和渝东南翼的 THEIL、logURB 和 logIND 三个变量的面板数据分别进行了检验，检验结果如表 6－3 所示。从检验结果看，全市层面 logIND 变量面板数据 ADF－Fisher 统计量显示能够在 5% 的显著水平下拒绝"存在有效的单位根过程"，全市层面的其他变量的面板数据以及其他各区域板块 THEIL、logURB 和 logIND 三个变量面板数据的各个检验统计量均显示能够在 1% 的显著水平下拒绝存在单位根的原假设，这说明全市层面和各区域板块的 THEIL、logURB 和 logIND 三个变量均为平稳序列。

表6－3　　　　　　各区域板块面板数据变量平稳性检验结果

地区	变量	LLC	IPS	ADF－Fisher	PP－Fisher
全市层面	THEIL	－19.7329	－9.3729	184.5300	229.7810
		[0.0000]	[0.0000]	[0.0000]	[0.0000]
	logURB	－15.0960	－9.6191	216.4470	246.9930
		[0.0000]	[0.0000]	[0.0000]	[0.0000]
	logIND	－10.1600	－2.3055	94.9201	169.2260
		[0.0000]	[0.0106]	[0.0365]	[0.0000]
主城核心区	THEIL	－10.9309	－6.9646	73.3176	88.0697
		[0.0000]	[0.0000]	[0.0000]	[0.0000]
	logURB	－6.8237	－4.3235	49.0090	52.6967
		[0.0000]	[0.0000]	[0.0001]	[0.0000]
	logIND	－6.9674	－4.8724	54.1128	65.0039
		[0.0000]	[0.0000]	[0.0000]	[0.0000]
1小时经济圈	THEIL	－6.8773	－4.9937	67.7396	83.7296
		[0.0000]	[0.0000]	[0.0000]	[0.0000]
	logURB	－9.3565	－5.2376	67.5089	78.0833
		[0.0000]	[0.0000]	[0.0000]	[0.0000]
	logIND	－11.5197	－7.5247	95.3899	122.2440
		[0.0000]	[0.0000]	[0.0000]	[0.0000]
渝东北翼	THEIL	－7.2711	－4.8526	61.7753	76.8187
		[0.0000]	[0.0000]	[0.0000]	[0.0000]
	logURB	－7.7834	－5.2014	63.5625	66.5775
		[0.0000]	[0.0000]	[0.0000]	[0.0000]
	logIND	－9.4196	－5.8502	72.5193	76.7033
		[0.0000]	[0.0000]	[0.0000]	[0.0000]
渝东南翼	THEIL	－4.7297	－3.1065	30.6062	30.8474
		[0.0000]	[0.0009]	[0.0023]	[0.0021]
	logURB	－6.0962	－4.6387	41.0254	54.2427
		[0.0000]	[0.0000]	[0.0000]	[0.0000]
	logIND	－10.1292	－6.8366	59.2541	75.0171
		[0.0000]	[0.0000]	[0.0000]	[0.0000]

注：表中方括号内数据是对相应统计检验的收尾概率，即 P 值，该值依照渐进正态分布计算得到，检验形式为只带截距项，滞后阶数的选取根据 SCI 信息准则确定。

本书的面板数据时期跨度 T 相对较小，但全市及各区域板块均有多个区县观测样本，因此我们选择面板数据向量自回归（PVAR）模型进行实证研究。为了避免模型设定差异引起的比较偏误，本书对全市层面和各区域板块的 PVAR 模型采取相同的滞后阶数。T = 13^（1/4）≈1.90，把滞后阶数确定为 2，建立滞后 2 阶的 PVAR（2）模型。本书估计 PVAR 模型基于 STATA11 计量软件，并参考了世界银行 I. love 关于 PanelVAR 的程序代码，运用 Helmert 程序对原始面板数据进行前向均值差分处理，消除原始面板数据包含的固定效应。为比较全市层面和各区域板块城乡收入差异对城镇化、工业化的影响程度，对全市层面、主城核心区、1 小时经济圈、渝东北翼、渝东南翼的面板数据分别进行了 PVAR 模型估计，估计结果如表 6 - 4 所示。

表 6 - 4　　　　　　　　　　各区域板块 PVAR 模型估计结果

地区	变量	ΔTHEIL		ΔlogURB		ΔlogIND	
		b	t - statistic	b	t - statistic	b	t - statistic
全市层面	ΔTHEIL（-1）	0.4129	5.0236	0.2190	1.8430	0.0466	0.9081
	ΔlogURB（-1）	-0.0080	-0.3235	0.8491	12.4199	0.0140	0.5814
	ΔlogIND（-1）	-0.0059	-0.0748	-0.1914	-1.0231	0.5914	4.2156
	ΔTHEIL（-2）	0.3283	5.1639	0.1435	2.0339	0.0220	0.6259
	ΔlogURB（-2）	0.0078	0.4124	0.0025	0.0477	-0.0135	-0.7738
	ΔlogIND（-2）	-0.1188	-2.1903	-0.0103	-0.0911	0.1528	1.4841
	adjusted R^2	0.9256		0.8902		0.7966	
主城核心区	ΔTHEIL（-1）	0.9943	2.1666	-0.0189	-0.0566	0.0626	1.0025
	ΔlogURB（-1）	0.0971	0.5155	0.9065	6.2597	0.0455	1.3243
	ΔlogIND（-1）	-2.5485	-0.8964	-2.6588	-1.1945	0.2031	0.2979
	ΔTHEIL（-2）	0.0263	0.2067	0.0996	0.8481	0.0280	0.9926
	ΔlogURB（-2）	0.0226	0.2019	0.0153	0.1626	-0.0182	-0.7769
	ΔlogIND（-2）	1.5925	0.8186	1.7758	1.1382	0.3874	0.7568
	adjusted R^2	0.8564		0.8126		0.6890	

地区	变量	ΔTHEIL		ΔlogURB		ΔlogIND	
		b	t-statistic	b	t-statistic	b	t-statistic
1 小时经济圈	ΔTHEIL（-1）	0.8891	5.3456	0.4389	0.6337	-0.0630	-0.4302
	ΔlogURB（-1）	-0.0075	-0.3816	0.8522	9.3091	0.0245	0.6920
	ΔlogIND（-1）	0.0128	0.1401	-0.1379	-0.5601	0.7905	6.4823
	ΔTHEIL（-2）	-0.0886	-1.4502	-0.1245	-0.4454	0.1148	1.5535
	ΔlogURB（-2）	-0.0025	-0.1770	-0.0160	-0.2260	-0.0309	-0.9995
	ΔlogIND（-2）	-0.0266	-0.3986	0.0637	0.2566	0.0049	0.0356
	adjusted R^2	0.8653		0.8779		0.7483	
渝东北翼	ΔTHEIL（-1）	0.9068	3.7470	-0.0067	-0.0069	-0.0019	-0.0099
	ΔlogURB（-1）	0.0505	1.3498	0.9591	8.0498	0.0237	0.9490
	ΔlogIND（-1）	-0.0625	-0.2363	-1.3217	-1.4275	0.8007	4.2864
	ΔTHEIL（-2）	-0.0441	-0.5449	0.3580	1.3324	0.0584	1.1327
	ΔlogURB（-2）	-0.0237	-0.7121	-0.0534	-1.1001	-0.0127	-0.5070
	ΔlogIND（-2）	-0.0386	-0.2658	0.8266	1.3887	-0.0417	-0.3416
	adjusted R^2	0.8501		0.8653		0.7681	
渝东南翼	ΔTHEIL（-1）	1.0834	4.3291	0.3353	0.9927	0.2220	1.2478
	ΔlogURB（-1）	0.0321	0.2825	0.7810	2.7478	0.0038	0.0425
	ΔlogIND（-1）	-0.3144	-0.8649	-0.4777	-0.7569	0.2660	0.9983
	ΔTHEIL（-2）	-0.0708	-0.4481	0.6791	2.0168	0.1451	1.0575
	ΔlogURB（-2）	0.0856	1.0669	0.1646	0.8153	0.0408	0.9411
	ΔlogIND（-2）	-0.2811	-1.1207	-0.4782	-1.0328	0.1275	0.6378
	adjusted R^2	0.8892		0.8006		0.6893	

（6）动态影响。考虑到 VAR 模型主要考察变量之间的动态反馈关系，且考虑到各区域板块 VAR 模型估计时的结构一致性，因而无论参数的估计值有无显著性，我们都保留在模型之中。从以上估计结果可以看出，全市层面和各个区域板块的泰尔指数（THEIL）PVAR 模型解释程度总体较高，对比全市层面和各个区域板块的估计参数可以得到以下实证信息：

泰尔指数的短期动态自强化特征。在滞后 1 期时，无论是全市层面还是各个区域板块层面，ΔTHEIL（-1）的系数均为正，说明城乡收入差距具有自强化特征；从自强化程度看，全市层面和主城核心区、1小时经济圈、渝东北翼、渝东南翼四大板块滞后1期的系数分别是0.4129、0.9943、0.8891、0.9068和1.0834，城乡收入差距自强化程度渝东南翼最强，主城核心区和渝东北翼次之，1小时经济圈最弱；在滞后2期时，全市层面及主城核心区ΔTHEIL（-2）的系数均为正，说明城乡收入差距的自强化特征还在持续，但强度已经大幅下降；1小时经济圈、渝东北翼、渝东南翼三大板块ΔTHEIL（-2）的系数均为负，表明城乡收入差距在滞后1期自强化的基础上，在滞后2期时略有回调。

城镇化率对泰尔指数的短期动态影响关系。在滞后1期时，全市层面及1小时经济圈ΔlogURB（-1）的系数分别为-0.0080和-0.0075，这种负数说明城镇化率对城乡收入差距具有负向影响；主城核心区、渝东北翼、渝东南翼三大板块ΔlogURB（-2）的系数分别为0.0971、0.0505和0.0321，说明城镇化率对城乡收入差距具有正向影响；在滞后2期时，全市层面和主城核心区的ΔlogURB（-2）系数分别为0.0078和0.0226，1小时经济圈、渝东北翼、渝东南翼三大板块ΔlogURB（-2）的系数分别为-0.0025、-0.0237和0.0856，表明城镇化率对城乡收入差距的影响开始有所分化，影响程度依然很强。

非农产值比对泰尔指数的短期动态影响关系。在滞后1期时，全市层面及主城核心区、渝东北翼、渝东南翼三大板块ΔlogIND（-1）的系数为-0.0059、-2.5485、-0.0625和-0.3144，这种负数说明非农产值比对城乡收入差距具有负向影响；1小时经济圈ΔlogIND（-1）的系数为0.0128，说明非农产值比对城乡收入差距具有正向影响；在滞后2期时，全市层面和1小时经济圈、渝东北翼、渝东南翼ΔlogIND（-2）系数分别为-0.1188、-0.0266、-0.0386和-0.2811，主城核心区ΔlogIND（-2）的系数为1.5925，表明非农产值比对城乡收入差距的影响有所衰减。

（7）脉冲响应。为比较城乡收入差异对城镇化、工业化冲击的响应过程，本书在PVAR模型的基础上，分别提取全市层面和各区域板块城乡收入差异对城镇化、工业化的脉冲响应函数，提取结果如图 6 - 2 所示。

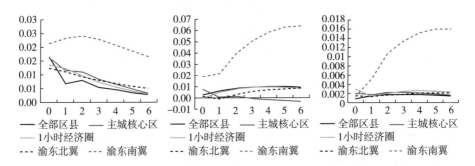

图 6 - 2　各区域板块城乡收入泰尔指数脉冲响应过程比较

对来自 THEIL 的标准差冲击，渝东南翼反应最强，其他区域板块相对较为温和，全市层面反应最弱。从响应趋势来看，渝东南翼的响应在前两期不断增强，在第 2 期达到最高 0.0241，此后逐渐衰减，在第 6 期达到 0.0164。其他区域板块的响应总体上持续减弱，其中主城核心区的衰减速度最快，在第 6 期达到 0.0027；1 小时经济圈衰减速度次之，在第 6 期达到 0.0030；渝东北翼最慢，在第 6 期达到 0.0030。全市层面的响应由初期的 0.0165 迅速衰减到第一期的 0.0068，此后小幅回升，在第二期达到 0.0080，此后保持平稳衰减态势，在第 6 期达到 0.0027。

对来自 logURB 的标准差冲击，渝东南翼反应最强，全市层面和 1 小时经济圈、渝东北翼相对较为温和，主城核心区的反应最弱。从响应趋势来看，渝东南翼的响应第 1 期略有增强，达到最高 0.0216，此后迅速增强，在第 6 期达到 0.0641。渝东北翼的响应前两期总体平稳中略有减弱，在第 2 期达到最低 - 0.0009，此后持续小幅回升，在第 6 期达到 0.0089。1 小时经济圈的响应前四期持续小幅增强，在第 4 期达到最高 0.0096，此后持续小幅衰减，在第 6 期达到 0.0088。主城核心区前三期为正向反应且持续衰减，在第 4 期达到最高 0.0014，此后转为正向反应并持续小幅增强，在第 6 期达到 - 0.0028。全市层面的响应前四期持续小幅增强，在第 4 期达到最高 0.0104，此后持续小幅衰减，在第 6 期达到 0.0098。

对来自 logIND 的标准差冲击，渝东南翼的累计响应最强，1 小时经济圈、主城核心区和渝东北翼的累计响应相对较为温和，全市层面的累计响应最弱。从响应趋势来看，渝东南翼的响应持续快速增强，在第6期达到0.0159。渝东北翼的响应在第1期略有减弱，达到最低0.0012，此后持续小幅回升，在第6期达到0.0021。1小时经济圈的响应前两期明显减弱，在第2期达到最低0.0014，此后小幅回升最高达到0.0026，在第6期达到0.0023。主城核心区的响应在0.0016和0.0022之间波动，在第6期达到最低0.0016。全市层面的响应前三期持续小幅增强，在第3期达到最高0.0018，此后持续小幅衰减，在第6期达到0.0015。

（8）方差分解。本书提取了全市层面和主城核心区、1小时经济圈、渝东北翼、渝东南翼四大区域板块 THEIL、logURB、logIND 在第1期至第6期的方差分解结果，提取结果如图6-3所示。

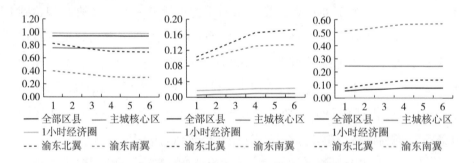

图6-3 各区域板块城乡收入泰尔指数方差分解分析比较

从 THEIL 自身的贡献度来看，全市层面的贡献度最大，平均贡献度为93.72%，1小时经济圈、主城核心区、渝东北翼三大板块的贡献度次之，平均贡献度分别为97.77%、74.81%和73.61%，渝东南翼的贡献度最低，平均贡献度为33.57%。而且，均呈现不同程度的下降趋势。从 logURB 对 THEIL 变化的贡献度来看，渝东北翼的贡献度最大，平均贡献度为14.67%，渝东南翼、1小时经济圈、主城核心区三大板块的贡献度次之，平均贡献度分别为11.96%、2.07%和0.88%，全市层面的贡献度最低，平均贡献度为0.03%。从 logIND 对 THEIL 变化的贡献度来看，渝东南翼的贡献度最大，平均贡献度为54.47%，主城核心区、渝东北翼两大板块和全市层面的贡献度次之，平均贡献度分别为 24.32%、11.72% 和 6.88%，1 小时经济圈的贡献度最低，平均贡献度为 0.17%。而且，在趋势上均呈现不同程度的下降趋势。而且，logURB、logIND 对 THEIL 变化的贡献度均呈现不同程度的增强趋势。

6.4　金融促进农民增收减贫的现状分析

党的十八大以来，以习近平同志为核心的党中央把脱贫攻坚摆到治国理政的突出位置，带领全党全国各族人民打响了力度前所未有的脱贫攻坚战。习近平总书记在党的十九大报告中指出，坚决打赢脱贫攻坚战，让贫困人口和贫困地区同全国一道进入全面小康社会是我们党的庄严承诺。金融是现代经济的核心，是我国社会扶贫体系的重要组成部分。对于新时期金融扶贫工作而言，主要矛盾集中体现为"精准"层面，在不同的维度，又体现为以下具体矛盾：

（1）贫困地区金融总量快速增长与贫困人群脱贫的金融贡献之间的矛盾。近年来，随着扶贫开发的持续推进和金融服务的不断深化，重庆市贫困地区经济承载能力不断增强，金融总量快速增长。但在实际工作中，扶贫部门、人大代表、政协代表等有关各方长期反映贫困人群融资难，金融可获得性不足，对金融在贫困人群脱贫方面所作出的贡献总体上持质疑态度。归根结底，这种矛盾是金融扶贫与贫困人群脱贫之间利益联结机制特殊性的集中体现，如金融扶贫通常以贫困地区扶贫龙头企业、重点项目等为承载主体，通过吸纳就业、产销结合、入股分红等方式与贫困人群建立间接利益联结，但由于贫困人口基础信息不充分等因素制约，金融扶贫对贫困人群脱贫的这种间接利益贡献未能得到有效穿透识别。

（2）金融扶贫利益联结多层次性与脱贫攻坚精准性要求之间的矛盾。金融本身的多层次性，决定了金融扶贫具有十分丰富的内涵。从利益联结渠道来看，金融机构面向建档立卡贫困人口提供的扶贫小额贷款、助学贷款等信贷支持，与贫困人群的利益联结是简洁明了的，与当前脱贫攻坚精准到人的要求是高度一致的；但面向扶贫开发领域的各类产业经济组织和基础设施项目提供的金融支持，与贫困人群的利益联结是错综复杂的，特别是产业经济组织与贫困人群之间务工、产销等关系呈现季节性、跨地区性特征时，以及基础设施项目整体改善贫困地区交通、水利、电力等生产生活条件时，如果按照当前脱贫攻坚精准到人的要求，将金融扶贫与贫困人群的利益联结和脱贫贡献精准化、定量化和常态化，需要下大功夫。从利益联结链条来看，金融扶贫包括从政策部门到金融机构、金融机构到承载主体、承载主体再到贫困对象等许多重要节点，是一个多主体参与、多环节衔接的利益传导过程。但在实践中，各金融扶贫参与主体由于目标和约束的差异，使金融扶贫与贫困人群之间还存在一些"黑箱"和"断链"，利益联结不够通畅，难以有效传导到脱贫攻坚精准到人的最后一环。例如，金融机构在信贷计划、资金定价、服务对接、绩效考核等方面没有建立实实在在的倾斜措施，金融扶贫利益联结链条就可能出现中断。

（3）金融扶贫利益联结可持续性与贫困人群承载力较弱之间的矛盾。金融扶贫不同于财政扶贫，商业可持续性是金融机构对扶贫企业、扶贫项目以及贫困人群进行金融支持的重要原则，也是金融扶贫与贫困人群脱贫利益联结机制的核心基础，概而言之就是"有需求、贷得出、收得回、能受益、可持续"。但从实践来看，贫困人群承载能力较弱，与金融扶贫商业可持续性原则之间存在诸多矛盾。主要体现在：一是有本地生产基础的贫困人口少。对 14 个贫困村的调查显示，外出务工的贫困户占比高达67.1%，承包土地流转给农业大户经营或撂荒，在本地无生产经营项目，缺乏基本的经济承载基础。二是有贷款有效需求的贫困人口少。贫困户大都自主发展能力弱，外出务工收入基本满足日常生活开支，家庭养殖在财政补贴下基本实现简单循环生产，普遍缺乏生产性和投资性融资需求。另外，扶贫开发领域各类产业经济组织和基础设施项目，资金需求庞大，但相关企业和项目经营规模小，自然风险大，投资回报低，如果没有风险补偿机制和收益平衡机制的保障，从商业可持续性的原则出发，金融扶贫也难以有效介入并与贫困人群建立长效利益联结机制。

（4）金融扶贫政策目标与金融机构商业利益之间的矛盾。2016 年人民银行等七部委《关于金融助推脱贫攻坚的实施意见》提出，金融扶贫要"以发展普惠金融为根基，全力推动贫困地区金融服务到村到户到人，努力让每一个符合条件的贫困人口都能按需求便捷获得贷款，让每一个需要金融服务的贫困人口都能便捷享受到现代化金融服务"，同时在精准对接脱贫攻坚多元化融资需求、大力推进贫困地区普惠金融发展、充分发挥各类金融机构助推脱贫攻坚主体作用等方面明确了相关要求。但在实践中，金融机构商业利益与金融扶贫政策目标之间还存在一些矛盾，使金融扶贫政策红利难以充分惠及贫困人群。从可获得性来看，金融机构出于成本效益的考虑，不愿对贫困人群开展全面摸底调查，不愿为贫困人群开展金融产品创新，不愿为贫困地区增加金融服务设施，一线经营网点和信贷人员出于规避风险的考虑，不愿向贫困人群提供贷款支持。从融资成本来看，扶贫再贷款为金融机构提供了极低成本的资金，但金融机构对扶贫贷款若不实行独立核算和差异定价，加之基准利率上限的规定，普通贷款对扶贫贷款势必产生挤出效应。财政部门对金融机构的各种扶贫奖补，金融机构在内部考核中不定向落实到贫困地区一线，势必造成金融扶贫政策如同撒胡椒面，难以奏效。

（5）金融扶贫发展导向与财政扶贫过度托底之间的矛盾。金融扶贫注重商业可持续，有利于对金融扶贫资源承载主体形成财务约束和培育长效发展机制。财政扶贫注重无偿性和托底性，除了对社会兜底脱贫发挥主导作用，还有利于解决扶贫企业、扶贫项目和贫困人群发展生产的资本投入、费用补贴、风险缓释等问题，发挥"四两拨千斤"的作用，撬动金融资源投入。但在实践中，金融扶贫与财政扶贫的政策配合并不理想。以南川区富民村为例，这个村是多个部门重点支持的贫困村，有 40 户贫困户，投入的财政扶贫资金达 1500 万元。对于一个贫困村而言，这 1500 万元财政扶贫资金是非常充足的，财政扶贫资金的大包大揽，导致扶贫企业、扶贫项目和贫困人群完全没有债务融资需求，金融扶贫难介入，甚至被挤出。一些贫困村由于财政扶贫资金分配不平衡，扶贫企业、扶贫项目和贫困人群发展生产的初期资本金投入不足，难以启动和发展，不具备规模化承接金融扶贫资金的基本条件，金融扶贫难以落地。

（6）金融扶贫支撑不足与专项扶贫条块分割之间的矛盾。自2013年底实施以精准扶贫为核心的扶贫攻坚以来，部门主导的专项扶贫不断推出，形成"扶贫＋"政策氛围。诸如"产业扶贫""金融扶贫""教育扶贫""旅游扶贫""民企扶贫""易地扶贫搬迁""电商扶贫""光伏扶贫""社会扶贫""青年扶贫"等扶贫政策不断涌现，呈现多元化、多领域、多层次的扶贫格局。"扶贫＋"的总体特征是"条块分割，纵向强，横向弱"，缺少政策配合与协同作战，扶贫成效得不到充分发挥，迫切需要整合、重组、优化，破藩篱，聚合力，成为扶贫攻坚的难点问题。那么，哪种力量具有整合优化不同扶贫政策的有利条件呢？显然，金融以服务实体经济为天职，作为现代经济的血液循环系统，渗透于经济社会的每个细胞和毛孔。特别是扶贫政策的落地，往往离不开金融的支持，金融在脱贫攻坚中发挥了最为关键的先行前导作用。由于这一特殊地位，金融扶贫在扶贫攻坚中就具有了更强的资源整合和创新驱动能力，承担更大社会责任也在情理之中，但在实践中仍然存在诸多障碍。

6.5　金融促进农民增收减贫的实践探索

消除贫困、改善民生、逐步实现共同富裕，是社会主义的本质要求，是我们党的重要使命。随着中国特色社会主义进入新时代以及脱贫攻坚战进入决胜期，进一步深化和创新金融精准扶贫机制，为我国全面建成小康社会贡献金融力量，为国际减贫返贫事业贡献中国智慧，使命光荣，大有可为。在金融精准扶贫工作中，我们要坚持实践第一的观点，一切从实际出发，抓住主要矛盾，推进创新试点，以扶贫实践和脱贫实效作为检验金融扶贫精准性的唯一标准，并经过再实践、再认识，循环往复，将金融精准扶贫不断推向新阶段。以重庆为例，在金融精准扶贫实践中，非常注重发挥人民群众、金融机构等相关各方的能动性和创造性，坚持问题导向和精准要求，涌现出一批饱含金融元素和富有推广价值的示范点。

（1）黔江区黄溪镇共林村金融扶贫示范点。该金融扶贫示范点由人民银行黔江中心支行牵头创建，在金融扶贫与贫困人群脱贫之间，形成"政府＋央行＋银行＋企业＋贫困户"的利益联结机制。其主要创新有：从利益联结主体看，由重庆银行黔江支行作为主办行。从利益联结对象看，主要面向共林村建档贫困户。从利益联结载体看，人民银行黔江中心支行与黄溪镇政府、共林村共同引进重庆三东科技公司作为肉牛养殖产业扶贫项目龙头企业。从利益联结渠道看，企业为建档立卡贫困户免费提供能繁母牛和养殖技术支持，有饲养能力的贫困户可自愿领养，待母牛繁殖牛犊后，牛犊归贫困户所有，企业收回能繁母牛后按市价支付增重部分；企业在共林村建立养殖场，组建专业合作社，没有饲养能力的建档立卡贫困户可委托合作社集中养殖，享受分红。从利益联结保障看，人民银行黔江中心支行与黄溪镇政府在共林村设立金融扶贫风险补偿基金 100 万元，银行按照基金规模的 5～10 倍向龙头企业、专业合作社和贫困户提供信贷支持，肉牛养殖龙头企业统一购买保险用于防范贫困户养殖过程的风险。目前，该金融扶贫示范点共承接银行贷款 480 万元，贫困户已签约领取能繁母牛60 余头，专业合作社建立集中养殖场 1 个，饲养肉牛 50 余头，预计每年每头牛最低可给贫困户增加纯收入 5000 元，带动 96 户贫困户增收，惠及建档贫困人口 398 人。

（2）开县竹溪镇春秋村金融扶贫示范点。该金融扶贫示范点由重庆农村商业银行牵头创建，该行在精准扶贫方面实行"四单原则"，即单列扶贫信贷计划，单设扶贫工作机构，单列扶贫考核办法，单独开发扶贫产品，同时在金融扶贫与贫困人群之间，采取"公司＋基地＋专业合作社＋农户"的利益联结模式。其主要创新有：从利益联结主体看，重庆农商行发挥主导作用，将参与扶贫的公司、贫困户有机联结。从利益联结载体看，凡是参与扶贫的企业，重庆农商行积极提供企业发展所需资金支持。从利益联结渠道看，重庆农商行向开县春秋农业开发有限公司贷款 1600 万元，支持其用现代化农业技术建立智能温室，流转周边农户 5000 亩土地，建设蔬菜生产基地。在安置周边 5 户贫困户就业的同时,带动周边 50 户贫困户种植蔬菜,并收购农户种植蔬菜,平均每年给贫困户增加收入6000 元。

(3)石柱县大歇镇双会村金融扶贫示范点。该金融扶贫示范点由重庆石柱中银富登村镇银行牵头创建,在金融扶贫与贫困人群脱贫之间,形成"央行再贷款 + 村镇银行贷款 + 财政扶贫资金 + 产业发展资金 + 企业自筹资金 + 商业保险、政策性保险"的利益联结模式。其主要创新有:从利益联结主体看,与扶贫再贷款投放对象、示范点创建行有机结合,均由重庆石柱中银富登村镇银行承担主推进职能。从利益联结载体看,凡事符合扶贫再贷款支持条件的企业和项目,同时都是利益联结的纽带。从利益联结渠道看,以大歇镇双会村"兵哥辣椒专业合作社"为例,通过辣椒收购的方式,带动周边 1500 多户贫困户种植辣椒,帮助贫困户年均增收 3000 元。从利益联结保障看,石柱县政府将财政扶贫资金、产业发展资金、企业自筹资金进行整合并存放于石柱中银富登村镇银行形成金融扶贫担保基金500 万元,人民银行丰都支行提供再贷款资金 7500 万元加以配套并定制推出"央行再贷款 + 欣农贷"扶贫信贷产品,石柱中银富登村镇银行按照不超过担保基金的 10 倍向支持贫困户脱贫的龙头企业、专业合作社和贫困户投放贷款,专门用于支持贫困人群脱贫。

6.6 金融服务农民增收减贫的政策建议

金融精准扶贫机制是一个普遍联系的有机整体,关键在于分析和把握事物存在和发展的各种条件,不断提高金融扶贫与贫困人群之间利益联结的精准性。因此,在新时代中国特色金融精准扶贫工作中,要坚持系统联系观点,树立整体观念和全局思想,抓住金融扶贫各个参与主体之间以及金融扶贫各类资源要素之间相互影响、相互制约和相互作用的关系,以利益联结机制为核心,以金融扶贫客体、主体、载体以及利益来源、联结渠道、实现形式等资源要素为内容,探索推进新时代中国特色金融精准扶贫减贫工作机制创新。

（1）科学定位金融扶贫客体，精准对接脱贫攻坚金融需求。贫困人群致贫原因和承载能力千差万别，建立金融扶贫与贫困人群脱贫利益联结机制，要深入分析贫困人群特点，科学定位利益联结对象，在金融扶贫与贫困人群脱贫利益联结机制中明确贫困人群导向原则，解决好"联结谁"的问题。对具有一定发展潜力和承载能力的贫困人口，如有劳动能力、有脱贫愿景、有贷款意愿、有一定收入保障、遵纪守法好、信用记录好，并参与产业扶贫开发的贫困户，高山生态扶贫搬迁贫困户，转移就业、自主创业的贫困人口，建档立卡贫困家庭在校大学生群体等，找准金融扶贫直接利益联结对象。对重庆而言，就是坚持对象精准和区域精准，金融扶贫采取的任何模式、载体和政策，要瞄准 165.9 万建档立卡贫困人口和"14 + 4"个贫困区县，下沉到贫困村和贫困户，实现金融扶贫精准到户、精准到人。

（2）广泛动员金融扶贫主体，全面增加脱贫攻坚金融供给。金融机构是脱贫攻坚金融服务的主要提供者，建立金融扶贫与贫困人群脱贫利益联结机制，其次要广泛动员各类金融机构，形成多层次、广覆盖、差异化的金融扶贫利益联结主体，为贫困人群脱贫提供全面的金融供给，解决好"依靠谁"的问题。银行业金融机构要着力于脱贫攻坚信贷资金供给，国开行、农发行要发挥开发性、政策性金融的作用，着力通过易地扶贫搬迁金融服务联结"一方水土养不起一方人"的贫困人口。大中型银行和股份制银行，特别是农业银行、邮储银行、重庆农商行等涉农金融机构，要着力延伸服务网络，通过支持发展生产来联结贫困人口。村镇银行、小额贷款公司、农民资金互助组织等要发挥根植贫困地区、贴近贫困人群的优势，通过更加灵活的金融服务来联结贫困人口。要改变以往银行单打独斗、单纯贷款支持的方式，充分利用证券、保险、担保等各类金融资源，优化配置，扩大投入。保险机构要积极打造符合贫困人口特点的生产生活、家庭财产、养老医疗等保险产品，发挥对脱贫成果的保障作用。担保机构要积极开发符合贫困户生产特点和资产状况的担保品种，改善贫困人群融资条件。证券机构要推动带动贫困户脱贫成效显著的企业，通过多层次资本市场进行股权和债券融资。

（3）积极培育金融扶贫载体，着力夯实脱贫攻坚利益联结。金融扶贫载体是利益联结机制的关键一环，利益联结渠道是金融扶贫实施的重要依托，建立金融扶贫与贫困人群脱贫利益联结机制，还要紧扣"五个一批"，在载体和渠道上下功夫。就载体而言，一是对于发展生产脱贫一批，引导金融机构以扶贫开发特色产业、现代农业和新型农业经营主体为载体，开展"一行一品"金融扶贫专属产品创新活动；二是对于易地搬迁脱贫一批，以统贷统还平台为载体，充分整合国家专项建设基金、易地扶贫搬迁信贷资金、中央财政和地方财政资金；三是对于发展教育脱贫一批，以贫困家庭大学生、教育机构以及吸纳大学生就业的各类经济组织为载体；四是对于生态补偿脱贫一批，以贫困地区污染治理、污水处理、取水设施等重点项目为载体；五是对于社会保障兜底一批，鼓励金融机构将因病致贫家庭作为重点捐赠对象。就渠道而言，一是利用扶贫小额贷款、创业扶持贷款、创业担保贷款、农户小额信用贷款等政策加大对贫困户的直接金融支持；二是通过支持吸纳就业、供销带动、入股分红、技术辅导等扶贫经济组织，以增强造血能力带动贫困户脱贫，鼓励将金融支持力度与带动贫困人口脱贫数量相挂钩；三是通过支持水利、交通、通信、供电等基础设施项目，以增强承载能力带动贫困户脱贫；四是完善金融服务基础设施，在贫困乡镇增设银行网点及金融服务点，提高基础金融服务覆盖率。

（4）探索创新金融扶贫模式，高效整合脱贫攻坚资源要素。各类金融扶贫政策和资金是贫困人群脱贫的源头活水，建立金融扶贫与贫困人群脱贫利益联结机制，关键在于探索创新金融扶贫模式，高效整合各类金融扶贫政策和资金，让金融源头活水有效联结和惠及贫困人群。一是创新政策协作模式。对具有一定经营现金流和商业可持续性的扶贫企业和扶贫项目，中央银行通过低成本扶贫再贷款为金融机构投放贷款提供资金支持，财政资金通过资本投入、费用补贴、担保放大、风险分摊等方式发挥"四两拨千斤"的作用，撬动金融资本和社会资本参与扶贫，形成金融扶贫合力。例如，对扶贫小额信贷予以贴息，对特色农产品保险等的保费予以补助，支持贫困地区设立政府出资的融资担保机构，鼓励开展扶贫担保业务，等等。二是创新资源配置模式。指导金融机构建立向扶贫领域倾斜资源的系统性制度安排，如工商银行重庆分行倾斜信贷投入、实施差异化信贷授权、实行绿色审批通道、完善业务渠道布局；重庆农商行对扶贫实行单列信贷规划、工作机构、考核办法以及单设产品开发"四单"原则等。三是创新金融扶贫产品。例如农业银行推出了"政府 + 贫困户""担保公司 + 贫困户""公司 + 贫困户"等信贷模式。邮政储蓄银行推出面向贫困户的山羊养殖扶贫贴息贷款、土鸡养殖行业贴息贷款等农村产业链金融模式。重庆银行、重庆三峡银行和重庆农村商业银行分别推出"农户道德诚信贷""富民贷""光伏扶贫贷"新模式。

（5）建立健全金融扶贫统计，穿透评估脱贫攻坚真实绩效。金融扶贫统计显著不同于常规金融统计，建立健全金融扶贫统计制度并评估脱贫攻坚真实绩效，要综合考虑脱贫攻坚要求和金融扶贫特性。一是突出对象精准性，只有直接支持或通过合理路径与贫困人群存在利益联结的金融支持才纳入统计，解决"面上有数、点上不清"的尴尬局面。二是突出渠道全面性，形成统一的"银证保 + 服务 + 产品"的统计报表，解决各部门、各渠道、各方式金融扶贫信息割裂的问题。三是突出方式多样性，按照"四类途径"细化对贫困户、产业经济组织、基础设施项目以及基础金融服务的分类统计。四是突出信息联动性，会同相关部门定期更新贫困户、扶贫企业、扶贫项目等基础信息，实施"金融机构 + 金融监管部门 + 第三方数据平台"的数据采集方式。五是突出服务创新性，既包括农户小额信用贷款、扶贫小额信用贷款等政策性金融扶贫产品，也包括金融机构自创性金融扶贫产品。

第7章 金融服务乡村振兴：
基于扶贫政策效果视角

7.1 信贷政策效果评估现状

信贷政策作为人民银行宏观调控的重要手段，在推动金融服务实体经济发展中发挥着重要作用。每一项信贷政策从制定到影响实体经济都要经历"信贷政策释放信号—金融机构投入资源—资金发挥实效促进实体经济发展"三个阶段，为了督促和引导金融机构落实信贷政策，加大对实体经济薄弱领域的投入，人民银行从2008年开展了涉农、小微企业等薄弱领域专项信贷政策导向效果评估，针对各金融机构从定性和定量角度，建立多维度的评估指标体系，对金融机构表现进行打分，并根据打分结果排序得到表现优秀的金融机构名单。对于优秀金融机构，给予再贷款、再贴现等政策支持，激励金融机构继续加大薄弱领域投入；对于表现差的金融机构，则加强信贷政策指导，督促金融机构采取措施改进金融服务，加大支持力度。通过开展信贷政策导向效果评估，有效强化了信贷政策指导作用，实现了引导金融机构将资源配置到实体经济薄弱领域，发挥金融支持实体经济薄弱领域发展的作用。

信贷政策导向效果评估虽然发挥了重要作用，但是其评估的侧重点是从总量方面对金融机构执行信贷政策进行评估，即侧重"政策信号—投入资源"环节，激励和引导金融机构增加总量投入，对金融机构投入效率则未纳入评估体系中。而考察信贷政策的支持效果，在督促金融机构落实执

160

行信贷政策的同时，还需要考察金融机构落实政策的效率，即金融机构利用金融资源支持的效果。而且不同金融机构利用金融资源支持实体经济的效果可能会存在差异，信贷政策落实执行效率高的金融机构，同样的金融资源，支持实体经济发展的效果要高于信贷政策执行效率低的金融机构，另外，信贷政策落实执行效率高，可以保障信贷政策更快地传导到实体经济，减少信贷政策传导的时滞效应。基于此，则需要对目前已开展的信贷政策导向效果评估进行完善，开展金融机构传导信贷政策效率评估，即对金融机构的金融资源利用效率进行评价，弥补信贷政策评估体系的不足，使评估工作更加科学完整，并通过结果了解金融机构贯彻落实信贷政策效率情况，进一步加强对效率高的金融机构支持，强化信贷政策促进实体经济发展的效果。

目前，已开展的信贷政策导向效果评估有涉农信贷政策导向效果评估、小微企业信贷政策导向效果评估，以小微企业信贷政策导向效果评估为例，小微企业信贷政策导向效果评估体系分为定性评估和定量评估两部分，其中定性评估主要包括金融机构、金融监管机构根据评估期间的表现对金融机构主观评价打分；定量评估则是通过对金融机构小微企业信贷等方面的不同指标的考核进行量化评分。定性和定量评估满分以百分计算，在整个小微企业信贷政策导向效果评估的比重分别为30%、70%，两者按照权重加总就得到金融机构小微企业信贷政策导向效果评估的总分数。

定量评估方面，选取了金融机构支持小微企业贷款总量、贷款结构、市场份额、资产质量四大类指标，具体细分为贷款余额增速和增量、市场份额占比、单户授信500万元以下小企业贷款余额和增量、余额和增量占比、贷款不良率等9项指标（见表7-1）。每项指标进行横向和纵向对比，横向对比即金融机构的表现与同期其他参评金融机构比较，纵向对比即金融机构当期表现与过去的表现比较。对于金融机构某项指标评估，通过该金融机构的指标值与横向基准值或纵向基准值对比，按照投影法规则，对其横向得分和纵向得分进行打分，最后将所有指标得分加权求和得到金融机构定性评估的总分数。

表 7 – 1　　　　　小微企业信贷政策导向效果评估定量指标体系

一级指标及权重	二级指标及权重	评分基准	满分
贷款总量（30%）	（1）小微企业贷款余额增速（10%）	纵向基准：最近三年该金融机构各项贷款余额增速平均值	5分
		横向基准：当年全部参评金融机构小微企业贷款余额增速	5分
	（2）小微企业贷款增量（20%）	纵向基准：最近三年该金融机构小微企业贷款增量平均值	10分
		横向基准：当年全部参评金融机构小微企业贷款增量平均值	10分
贷款结构（40%）	（3）小微企业贷款余额占比（10%）	纵向基准：最近三年该金融机构小微企业贷款余额占比平均值	5分
		横向基准：当年全部参评金融机构小微企业贷款余额占比	5分
	（4）小微企业贷款增量占比（10%）	纵向基准：最近三年该金融机构小微企业贷款增量占比平均值	5分
		横向基准：当年全部参评金融机构小微企业贷款增量占比	5分
	（5）单户授信在500万元以下的小微企业贷款余额占比（10%）	纵向基准：最近三年该金融机构单户授信在500万元以下的小微企业贷款余额占比平均值	5分
		横向基准：当年全部参评金融机构单户授信在500万元以下的小微企业贷款余额占比	5分
	（6）单户授信在500万元以下的小微企业贷款增量占比（10%）	纵向基准：最近三年该金融机构单户授信在500万元以下的小微企业贷款增量占比平均值	5分
		横向基准：当年全部参评金融机构单户授信在500万元以下的小微企业贷款增量占比	5分

一级指标及权重	二级指标及权重	评分基准	满分
市场份额（25%）	（7）小微企业贷款余额份额占比（15%）	纵向基准：最近三年该金融机构小微企业贷款余额份额占比平均值	5 分
		横向基准：当年全部参评金融机构小微企业贷款余额份额占比平均值	10 分
	（8）小微企业贷款增量份额占比（10%）	纵向基准：最近三年该金融机构小微企业贷款增量份额占比平均值	5 分
		横向基准：当年全部参评金融机构小微企业贷款增量份额占比平均值	5 分
资产质量（5%）	（9）小微企业贷款不良率（5%）	纵向基准：最近三年该金融机构小微企业贷款不良率	5 分

从信贷政策导向效果评估的机制可以看到，目前开展的评估目标在于促进金融机构加大对某一领域或特定群体的投入，侧重于"信贷政策释放信号—金融机构加大资金投入"这个环节，对于投入后经济主体的反应或投入的效果未纳入评估体系，而货币信贷政策调控的最终目的是要对实体经济发展产生调控作用和影响，而信贷政策评估体系中加入对实体经济的影响的考察，不仅可以完善评估体系，还能够有效测量信贷政策对实体经济的影响程度和效率，对进一步完善宏观货币信贷政策调控工具和手段具有重要的参考作用。

7.2　信贷政策效果评估模型——基于 DEA 方法

开展信贷政策效率评估，需要比较分析不同金融机构对特定领域的支持效果。对于金融机构而言，金融机构在支持实体经济发展的过程中投入人力物力资源、信贷资金等，对于被支持的领域或经济主体，利用得到的资金进行生产，获得产品、收益等产出，因此可以建立针对金融机构投入资源支持实体经济发展的多种投入资源、多种产出效果的效率评估模型，评估得到不同金融机构支持实体经济发展的投入—产出相对效率。

假设参与落实信贷政策的金融机构共有 N 家，金融机构通过 M 种投入将金融资源用于支持特定领域发展，同时，特定领域的发展情况或金融支持效果可以通过 S 种产出或方式来度量，具体可以表述为：

投入方面：

$$
\begin{array}{ccccccc}
 & 1 & 2 & \cdots & n & \cdots & N \\
1 & x_{11} & x_{12} & \cdots & x_{1n} & \cdots & x_{1N} \\
2 & x_{21} & x_{22} & \cdots & x_{2n} & \cdots & x_{2N} \\
\cdots & \cdots & \cdots & \cdots & \cdots & \cdots & \cdots \\
m & x_{m1} & x_{m2} & \cdots & x_{mn} & \cdots & x_{mN} \\
\cdots & \cdots & \cdots & \cdots & \cdots & \cdots & \cdots \\
M & x_{M1} & x_{M2} & \cdots & x_{Mn} & \cdots & x_{MN}
\end{array}
\tag{7-1}
$$

产出方面：

$$
\begin{array}{ccccccc}
 & 1 & 2 & \cdots & n & \cdots & N \\
1 & y_{11} & y_{12} & \cdots & y_{1n} & \cdots & y_{1N} \\
2 & y_{21} & y_{22} & \cdots & y_{2n} & \cdots & y_{2N} \\
\cdots & \cdots & \cdots & \cdots & \cdots & \cdots & \cdots \\
s & y_{s1} & y_{s2} & \cdots & y_{sn} & \cdots & y_{sN} \\
\cdots & \cdots & \cdots & \cdots & \cdots & \cdots & \cdots \\
S & y_{S1} & y_{S2} & \cdots & y_{Sn} & \cdots & y_{SN}
\end{array}
\tag{7-2}
$$

其中，x 表示投入变量，x_{mn} 表示第 n 家金融机构的第 m 种投入的量；y 表示产出变量，y_{sn} 表示第 n 家金融机构的第 s 类产出的数量。用矩阵分别表示为：

$$
x_n = \begin{bmatrix} x_{1n} & x_{2n} & \cdots & x_{Mn} \end{bmatrix}^T, y_n = \begin{bmatrix} y_{1n} & y_{2n} & \cdots & y_{Sn} \end{bmatrix}^T
\tag{7-3}
$$

$$
x = \begin{bmatrix} x_1 & x_2 & \cdots & x_N \end{bmatrix} = \begin{bmatrix}
x_{11} & x_{12} & \cdots & x_{1N} \\
x_{21} & x_{22} & \cdots & x_{2N} \\
\cdots & \cdots & \cdots & \cdots \\
x_{M1} & x_{M2} & \cdots & x_{MN}
\end{bmatrix}_{M \times N}
\tag{7-4}
$$

$$y = \begin{bmatrix} y_1 & y_2 & \cdots & y_N \end{bmatrix} = \begin{bmatrix} y_{11} & y_{12} & \cdots & y_{1N} \\ y_{21} & y_{22} & \cdots & y_{2N} \\ \cdots & \cdots & \cdots & \cdots \\ y_{S1} & y_{S2} & \cdots & y_{SN} \end{bmatrix}_{S \times N} \qquad (7-5)$$

对于金融机构支持实体经济的多种投入、多种产出模型，本书利用数据包络分析方法（Data Envelopment Analysis，DEA）来优化处理。DEA 方法来处理决策单元的效率问题，具有几个方面的优势：（1）与仅能够处理单项产出的效率评估方法不同，DEA 方法可用于多项投入与多项产出的效率评估，而且无须构建生产函数对参数进行估计。（2）DEA 方法不受投入产出量纲的影响，不会因为计量单位的不同而影响最终的效率评估结果，只要所有决策单元使用相同的计量单位，就能够求得相对效率值。（3）DEA方法以综合指标评价效率，该指标代表资源使用的情况，适合描述全要素生产效率状况，并且可对决策单元之间的效率作出比较。（4）DEA方法中的权重不受人为主观因素的影响，权重由数学规划产生，不需预先赋予权重值，对决策单元的评价相对比较公平。

对于每一个决策单元即支持实体经济发展的金融机构，其相应的效率评价指数为：

$$h_n = \frac{u^T y_n}{v^T x_n} = \frac{\sum_{s=1}^{S} u_s y_{sn}}{\sum_{m=1}^{M} v_m x_{mn}}, n = 1,2,\cdots,N \qquad (7-6)$$

其中，v 表示各种投入要素在金融机构的投入中所占比重，u 表示各类产出在金融机构支持实体经济的所有产出中的比重。h 表示金融机构的效率评价结果，即输出总量与输入总量的比值。用矩阵表示：

$$u = \begin{bmatrix} u_1 & u_2 & \cdots & u_M \end{bmatrix}^T, v = \begin{bmatrix} v_1 & v_2 & \cdots & v_s \end{bmatrix}^T \qquad (7-7)$$

$$h = \begin{bmatrix} h_1 & h_2 & \cdots & h_n \end{bmatrix}^T \qquad (7-8)$$

其中，u_m、v_s、h_n 分别表示常数值，u 是一个 $M \times 1$ 的向量，v 是一个 $S \times 1$ 的向量，h 是一个 $N \times 1$ 的向量。

对于第 h_{j_0} 个决策单元（即金融机构）来说，当 h 越大，表示金融机构可以用相对较小的输入得到相对较大的输出，对于第 j_0 个决策单元来说，在 N 个决策单元中是否是最优的，可以变化权重 u 和 v，在满足约束条件下，使 h_{j_0} 的值最大，从而构建 CCR（或 C^2R）模型：

$$\max\left[h_{j_0} = \frac{u^T y_{j_0}}{v^T x_{j_0}} = \frac{\sum_{s=1}^{S} u_s y_{sj_0}}{\sum_{m=1}^{M} v_m X_{mj_0}} \right] \qquad (7-9)$$

满足条件：

$$\frac{\sum_{s=1}^{S} u_s y_{sn}}{\sum_{m=1}^{M} v_m x_{mn}} \leqslant 1, n = 1,2,\cdots,N \qquad (7-10)$$

令 $t = \frac{1}{v^T x_{j_0}}$，$w = tv$，$\mu = tu$。根据前面的定义，$t$ 是一个常数值，w 是一个 $M \times 1$ 的向量，μ 是一个 $S \times 1$ 的向量。

则上面的最大化规划可转换为：

$$\max(h_{j_0} = \mu^T Y_{j_0}) \qquad (7-11)$$

满足条件：

$$w^T x_n - \mu^T y_n \geqslant 0, n = 1,2,\cdots,N \qquad (7-12)$$

$$w^T x_{j_0} = 1 \qquad (7-13)$$

$$w \geqslant 0, \mu \geqslant 0 \qquad (7-14)$$

根据线性规划理论，上面模型（11）最优化问题的对偶问题表述形式为：

$$\min(h_{j_0} = \mu^T y_{j_0}) \qquad (7-15)$$

满足条件：

$$\sum_{n=1}^{N} x_{mn} \lambda_n \leqslant h_{j_0} x_{mj_0}, m = 1,2,\cdots,M \qquad (7-16)$$

$$\sum_{n=1}^{N} y_{sn} \lambda_n \geqslant y_{sj_0}, s = 1,2,\cdots,S \qquad (7-17)$$

$$\lambda_n \geqslant 0, n = 1,2,\cdots,N \qquad (7-18)$$

利用相关的线性规划理论和软件，可以求出不同决策单元的相对效率值，得到所有金融机构中的相对效率最优的金融机构。

7.3　扶贫政策效果实证分析——基于 DEA 方法

"十三五"期间，我国全面实施打赢脱贫攻坚战，人民银行积极落实中央扶贫开发工作部署，统领金融机构开展金融扶贫工作，推动和引导金融机构积极加大扶贫开发支持。同时，为强化对金融机构的督促和激励作用，人民银行也积极研究建立金融扶贫评估机制，拟通过扶贫信贷政策导向效果评估，对金融机构落实金融扶贫开发信贷政策进行评价，根据评估结果采取相应激励机制进一步推动金融机构加大扶贫开发金融支持。为进一步完善总行扶贫开发信贷政策导向效果评估，本书利用上面的投入—产出 DEA 模型，实证分析金融机构落实扶贫开发信贷政策的效率。

数据选取方面，模型中投入变量包括两个：金融机构在贫困地区投入的业务网点数（X1 表示）、对贫困人群发放的贷款（X2 表示）。其中，业务网点数是指 2016 年第一季度金融机构在重庆市贫困村内已布设的营业网点、银行卡助农取款点、农村便民金融自助服务点的数量；新增贷款是指2016 年第一季度金融机构对重庆市 156.9 万建档立卡贫困人口发放的农户小额信用贷款、扶贫小额信用贷款、创业担保贷款、创业扶持贷款、自创性专属贷款产品等新发放的贷款总额。模型选取的产出变量也包括两个：金融服务有效覆盖的贫困村个数（Y1 表示）、贷款支持的贫困农户家庭数（Y2 表示）。其中，金融服务有效覆盖的贫困村个数是指 2016 年第一季度金融机构的业务网点和金融服务所覆盖的贫困村个数；贷款支持的贫困农户家庭数是指 2016 年第一季度金融机构新增贷款所支持的贫困户家庭总数。本书共选取了中国农业发展银行重庆市分行，工商银行、农业银行、中国银行、建设银行重庆市分行，华夏银行、浙商银行重庆分行，中国邮政储蓄银行重庆分行，重庆银行、重庆三峡银行、重庆农村商业银行，哈尔滨银行重庆分行（分别用编号"银行 1 - 10"表示）共 10 家银行金融机构进行评估，各银行产出、投入相关数据如表 7-2 所示。

表 7-2　　　　　　金融机构扶贫开发的投入和产出数据表

银行	产出		投入	
	业务有效覆盖贫困村个数 Y1	支持的贫困农户家庭户数 Y2	业务网点个数 X1	新增贷款投放 X2
	个	户	个	万元
1	597	83291	0	157000
2	15	54	26	400
3	14	597	0	2100
4	2	20	87	38.27
5	3	70	2	500
6	7	10	0	420
7	318	3958	1503	1964.8
8	34	133	44	3033.7
9	63	1518	1	220
10	3365	69648	1096	56876.84

利用软件 DEAP2.1 对上面的模型进行求解，结果如表 7-3 所示。

表 7-3　　　　　　金融机构扶贫效率的 DEA 估计结果

银行	综合效率	纯技术效率	规模效率	规模报酬
1	1.000	1.000	1.000	—
2	0.131	0.488	0.268	irs
3	0.804	1.000	0.804	drs
4	0.182	1.000	0.182	irs
5	0.024	0.467	0.051	irs
6	1.000	1.000	1.000	—
7	0.565	1.000	0.565	drs
8	0.039	0.071	0.551	irs
9	1.000	1.000	1.000	—
10	0.207	1.000	0.207	drs

注："-"表示规模报酬不变，"irs"表示规模报酬递增，"drs"表示规模报酬递减。

观察表 7-3 结果显示：在 10 家银行中，其中银行 1、银行 6、银行 9

的综合效率是 1，即在这 10 家金融机构中，这 3 家银行是相对有效的，即其效率是最高的。从技术和规模方面看，银行 1、3、4、6、7、9、10 是技术有效的，银行 2、5、8 不是技术有效的；银行 1、6、9 是规模有效的，即规模报酬不变，银行 2、3、4、5、7、8、10 不是规模有效的，其中银行 2、4、5、8 是规模报酬递增的，银行 3、7、10 是规模报酬递减的（见表 7 - 4）。

表 7 - 4　　　　　　　　金融机构的扶贫效率情况

银行	综合效率相对有效	纯技术效率相对有效	规模效率相对有效	规模报酬
1	√	√	√	不变
2				递增
3		√		递减
4		√		递增
5				递增
6	√	√	√	不变
7		√		递减
8				递增
9	√	√	√	不变
10		√		递减

根据拟合结果，针对不同的银行个体，其投入—产出的 DEA 分析结果如表 7 - 5 所示。

表 7 - 5　　　　　　　　金融机构的投入—产出 DEA 评估结果

序号	银行	实际投入产出	冗余情况		估计值	银行	实际投入产出	冗余情况		估计值
Y1	1	597	0.0	0.0	597.0	6	7	0.0	0.0	7
Y2		83291	0.0	0.0	83291		10	0.0	0.0	10
X1		0	0.0	0.0	0.0		0	0.0	0.0	0.0
X2		157000	0.0	0.0	157000		420	0.0	0.0	420
Y1	2	15	0.0	39.7	54.7	7	318	0.0	0.0	318
Y2		54	0.0	1260.3	1314.3		3958	0.0	0.0	3958
X1		26	-13.3	0.0	12.7		1503	0.0	0.0	1503
X2		400	-204.7	0.0	195.3		1964.8	0.0	0.0	1964.8

序号	银行	实际投入产出	冗余情况		估计值	银行	实际投入产出	冗余情况		估计值
Y1	3	14	0.0	0.0	14.0	8	34	0.0	27.49	61.5
Y2		597	0.0	0.0	597.0		133	0.0	1347.9	1480.9
X1		0	0.0	0.0	0.0		44	−40.9	0.0	3.1
X2		2100	0.0	0.0	2100.0		3033.7	−2818.2	0.0	215.5
Y1	4	2	0.0	0.0	2.0	9	63	0.0	0.0	63
Y2		20	0.0	0.0	20.0		1518	0.0	0.0	1518
X1		87	0.0	0.0	87.0		1	0.0	0.0	1.0
X2		38.27	0.0	0.0	38.27		220	0.0	0.0	220
Y1	5	3	0.0	56.3	59.3	10	3365	0.0	0.0	3365
Y2		70	0.0	1347.5	1417.5		69648	0.0	0.0	69648
X1		2	−1.1	0.0	0.9		1096	0.0	0.0	1096
X2		500	−266.7	0.0	233.3		56876.84	0.0	0.0	56876.84

根据表 7-3 显示的结果，银行 1、6、9 是相对有效的，因此表 7-5 中，银行 1、6、9 的实际投入情况和估计情况一致，各银行的两种投入和两种产出都不存在冗余变量，其技术和规模效率都是相对有效的，不需要进行调整。但其他银行个体则需要根据情况进行相应的调整。

如针对银行 2，表 7-3 的拟合结果是其纯技术效率为 0.488，规模效率为 0.268（irs），规模报酬递增，技术和规模都不是有效的。由于投入是可以调控的，根据表 7-5 中个体 2 的拟合情况，两种投入要素都存在冗余情况，即第一种投入 X1 可以减少 13.3 个单位，第二种投入 X2 可以减少 204.7 个单位，技术非有效导致产出不足，第一种产出 Y1 和第二种产出 Y2 不足分别为 39.7 个单位、1260.3 个单位。银行 5 和银行 8 的情况也与之类似。

针对个体 3 的情况，表 7-3 的拟合结果是其纯技术效率为 1，规模效率为 0.804（drs），规模报酬递减，技术是有效的，但规模是非有效的。

因此，表 7 - 5 中显示，从技术层面，银行 3 不存在技术造成投入冗余的情况，但是由于其规模非有效，即其规模和投入不匹配，为达到综合效率有效，可以调节其投入规模。其规模报酬递减，则意味着应该减少其规模。同样，银行 4、7、10 也是类似的情况，而银行 4 是规模报酬递增，所以可以进一步增加规模，达到规模相对有效。

另外，由于 DEA 只是通过投入—产出对比分析得到相对有效的决策主体，但是对于综合效率小于 1 的部分，并不能说综合效率值低的银行就一定比综合效率值高的银行的效率低，因为这些估计结果是在银行 1、银行 6、银行 9 相对有效的情况下，即在按照银行 1、6、9 的投入—产出模式前提下，综合效率值低的银行要比综合效率值高的银行的效率相对低。而为了得到这 10 个银行效率的排名，则可以通过多次评估的方式，即将前次评估中相对有效的银行剔除，将剩余的银行再次开展评估，直至所有的银行评估都相对有效或相对无效，从而可以得到所有银行的效率排名。运用此方法，得到评估结果如表 7 - 6 所示。

表 7 - 6　　　　　　　　金融机构相对效率评估排序情况

银行	第 1 次评估			第 2 次评估			第 3 次评估		
	综合效率	纯技术效率	规模效率	综合效率	纯技术效率	规模效率	综合效率	纯技术效率	规模效率
1	1.000	1.000	1.000						
2	0.131	0.488	0.268	0.573	1.000	0.573	1.000	1.000	1.000
3	0.804	1.000	0.804	1.000	1.000	1.000			
4	0.182	1.000	0.182	0.323	1.000	0.323	1.000	1.000	1.000
5	0.024	0.467	0.051	0.342	1.000	0.342	1.000	1.000	1.000
6	1.000	1.000	1.000						
7	0.565	1.000	0.565	1.000	1.000	1.000			
8	0.039	0.071	0.551	0.243	0.325	0.746	0.981	1.000	0.981
9	1.000	1.000	1.000						
10	0.207	1.000	0.207	1.000	1.000	1.000			

从表 7-6 可以看到：在经过 3 次评估后，10 个评估对象中 9 个都变得相对有效。从而可以得到结果，在 10 个评估对象中，效率最高的是银行 1、6、9，其次是银行 3、7、10，然后是银行 2、4、5，银行 8 是效率最低的。

7.4　金融扶贫政策效果评估的政策建议

本书在研究已建立的信贷政策导向效果评估机制的基础上，结合货币信贷政策传导的机制和过程，建立了信贷政策效率评估机制，对信贷政策导向效果评估机制的不足之处进行完善，并从投入—产出角度，运用数据包络分析 DEA 方法将信贷政策效率评估机制具体化、可操作化，最后利用建立的信贷政策效率评估机制对金融机构落实扶贫开发信贷政策效率进行评估。从分析结果看到，目前，部分金融机构扶贫开发的效率相对较高，但部分金融机构投入了大量的金融资源到扶贫工作中，但是未达到最优效果，存在部分投入冗余问题。部分金融机构虽然用金融资源支持了贫困人群发展，但是其支持规模有限，可以进一步加大支持力度。造成部分金融机构相对效率不足的原因可以从技术和规模方面分析，技术方面，存在多种投入要素不匹配问题；规模方面，由于规模报酬效应，部分金融机构的规模未实现最优。

本书研究的最主要意义在于通过建立信贷政策效率评估机制，提供了评估金融机构贯彻落实货币信贷政策效率的方式方法，为人民银行进一步完善货币信贷政策调控提供了参考。同时，针对金融机构落实扶贫开发信贷政策效率进行评估，实证分析检验了所建立的信贷政策效率评估机制。根据本书研究分析，为进一步完善信贷政策评估，建议：

一是完善信贷政策导向效果评估机制，推广信贷政策效率评估机制。建立多个薄弱领域的金融机构落实信贷政策效率评估机制，如小微企业、涉农领域、扶贫开发领域等多个薄弱领域的信贷政策效率评估机制，进一步完善对金融机构落实信贷政策全过程的监测评估。

二是完善统计制度，建立金融机构支持实体经济发展情况监测制度。如针对金融机构支持小微企业领域，建立获得金融机构支持的小微企业发展情况监测制度，定期监测金融支持对企业生产的影响效果，为完善信贷政策效率评估机制奠定基础。

三是加强对信贷政策效率评估结果利用，强化货币信贷政策调控。根据信贷政策效率评估结果，有针对性地建立差别化激励措施，如对评估效率相对高的金融机构进一步给予再贷款、再贴现等政策或资源倾斜，让金融资源通过这些金融机构更好、更有效地落实到支持实体经济发展中，也进一步激励金融机构提高实体经济支持效果。

第8章 结论与展望

本书围绕金融服务乡村振兴战略，基于人口迁移、土地流转、产业融合、扶贫减贫、政策评估视角提出的一些理论机制、实践模式和实证结果，具有一定的创新性。主要包括：

（1）基于新经济地理学模型，在此基础扩展构建了包含三个部门（传统产业部门、现代产业部门和金融供给部门）和三种要素（传统技术型劳动者、现代资本型劳动者和生产资本）的城乡二元经济结构空间动态均衡模型，对金融深化、劳动者迁移与城镇化格局之间的关系进行了理论分析和数值模拟。研究发现：第一，从福利水平来看，无论最终形成哪种城镇化格局，相对于劳动者对称分布的空间格局，城市地区现代资本型劳动者与传统技术型劳动者的福利水平都是增加的，但农村地区现代资本型劳动者和传统技术型劳动者的福利水平并不是必然提高的。这意味着，只有生产资本增速提高导致的福利增加能够弥补因农村地区生产资本份额下降和农村地区消费支出份额下降造成的福利损失时，农村地区现代资本型劳动者净福利才是增加的；只有因生产资本增速提高导致的福利增加能够弥补因农村地区消费支出份额下降造成的福利损失时，农村地区传统技术型劳动者净福利才是增加的。第二，从福利差距来看，在劳动者由对称分布向城市地区完全聚集的过程中，城乡现代资本型劳动者之间、城乡传统技术型劳动者之间的福利差距都是扩大的，但城乡劳动者全局福利总是增加的。第三，从我国的城镇化实践来看，我国从中央到地方都在积极为城市外来务工人员创造更多的就业机会和更好的生活环境，从而增加城市外来务工人员的福利水平，从政策作用方向上来讲扩大了城乡劳动者福利差距，对劳动者向城市地区迁移的内生动力具有强化作用；但同时也从社会和谐出发，积极推进农村和城市公共服务的均等化，从政策作用方向上来讲缩小了城乡劳动者福利差距，对劳动者向城市地区迁移的内生动力具有弱化作用。

（2）基于重庆市 38 个区县的面板数据，运用面板数据向量自回归（PVAR）模型，对主城核心区、1 小时经济圈、渝东北翼、渝东南翼共 4 个区域板块城镇化、工业化与城乡收入差距之间的动态关系进行了实证分析。研究发现：第一，重庆市绝大多数区县城乡收入泰尔指数曲线总体上呈现出显著的倒"U"形特征，但在倒"U"形曲线顶点的绝对数值和出现时间具有鲜明的区域差异，在形态上与库兹涅茨倒"U"形曲线较为相似，这在很大程度上反映了各区县城镇化水平和所处发展阶段的差异。第二，全市层面和各个区域板块城乡收入泰尔指数的脉冲响应过程存在显著差异。其中，渝东南翼城乡收入差距会做出同向脉冲响应，即城镇化率和非农产值比提高对城乡收入差距会产生扩大效应，且这种效应在全市层面和各个区域板块中最强；其他区域板块城乡收入差距也会同向扩大，但响应强度相对较为温和；仅有主城核心区城乡收入差距对城镇化率冲击会最终作出反向脉冲响应，即城镇化率提高会对城乡收入差距产生缩小效应。进一步的方差分解表明，全市层面和各个区域板块城乡收入差距对自身变化的贡献度均呈下降趋势，城镇化率和非农产值比对城乡收入差距变化的贡献度均呈增强趋势。第三，1 小时经济圈、渝东北翼、渝东南翼城镇化率和非农产值比提高对城乡收入差距会产生扩大效应，主城核心区城镇化率对城乡收入差距会产生缩小效应，城镇化率和非农产值比重对城乡收入差距的净效应取决于城镇化带来的城市收入增长和农村收入增长之间的对比关系。

（3）基于系统联系观点，聚焦金融扶贫各个参与主体之间以及金融扶贫各类资源要素之间相互影响、相互制约和相互作用的关系，以利益联结机制为核心，以金融扶贫客体、主体、载体以及利益来源、联结渠道、实现形式等资源要素为内容，探索推进新时代中国特色金融扶贫减贫机制创新。研究认为：第一，金融扶贫减贫面临贫困地区金融总量快速增长与贫困人群脱贫的金融贡献之间的矛盾，金融扶贫利益联结多层次性与脱贫攻坚精准性要求之间的矛盾，金融扶贫利益联结可持续性与贫困人群承载力较弱之间的矛盾，金融扶贫政策目标与金融机构商业利益之间的矛盾，金融扶贫发展导向与财政扶贫过度托底之间的矛盾。第二，在新时代中国特色金融扶贫减贫工作中，要科学定位金融扶贫客体，精准对接脱贫攻坚金融需求；广泛动员金融扶贫主体，全面增加脱贫攻坚金融供给；积极培育金融扶贫载体，着力夯实脱贫攻坚利益联结；探索创新金融扶贫模式，高效整合脱贫攻坚资源要素；建立健全金融扶贫统计，穿透评估脱贫攻坚真实绩效。

（4）基于投入产出角度，结合货币信贷政策传导的机制和过程，将政策资源的投入和经济主体的反应纳入评估体系，运用数据包络分析 DEA 方法将信贷政策效率评估机制具体化、可操作化，对金融机构落实扶贫开发信贷政策的投入产出效率进行了评估，对进一步完善宏观货币信贷政策调控工具和手段具有重要的参考作用。研究发现：第一，部分金融机构扶贫开发的效率相对较高，但部分金融机构投入了大量的金融资源到扶贫工作中，但是未达到最优效果，存在部分投入冗余问题；部分金融机构虽然用金融资源支持了贫困人群发展，但是其支持规模有限。第二，部分金融机构相对效率不足的原因可以从技术和规模方面分析。技术方面，存在多种投入要素不匹配问题；规模方面，由于规模报酬效应，部分金融机构的规模未实现最优。

本书的不足之处在于：受数据收集限制，部分实证结果的时效性不强，例如在金融机构扶贫信贷政策效率评估的实证分析中，以及在重庆市区域板块城乡收入差距的实证分析中，其可选择的投入变量和产出变量较为有限，时间跨度偏小。受数据收集的限制，部分实践案例的深入性不足，例如在金融支持农村产业融合发展的实践模式中，以及在城镇化进程和新市民金融服务的实践案例中，暂未对相关模式和案例的业务规模、信用风险等运行情况进行深入分析。在下一步的研究中，将加大数据收集的广度和力度，积极予以关注和完善。

参 考 文 献

［1］ Bague D. J. Principles of Demography ［M］. Wiley and Sons Press, 1969.

［2］ Baldwin R. Agglomeration and Endogenous Capital ［J］. European Economic Review, 1999, 43 (2): 253 –280.

［3］ Baldwin R. and Martin P. and Ottaviano G. Global Income Divergence, Trade and Industrialization: the Geography of Growth Take – off ［J］. Journal of Economic Growth, 2001, 6 (1): 5 –37.

［4］ Becker G. S. and Tomes N. Human Capital and the Rise and Fall of Families ［J］. Journal of Labor Economics, 1986, 4 (3): S1 –S39.

［5］ Berliant M. and Fujita M. Dynamics of Knowledge Creation and Transfer: the Two Person Case ［J］. MPRA Paper, 2007, No. 4973.

［6］ Berliant M. and Reed R. and Wang P. Knowledge Exchange, Matching and Agglomeration ［J］. Journal of Urban Economics, 2006, 60 (1): 69 –95.

［7］ Binder M. and Hsiao C. and Pesaran, M. Estimation and Inference in Short Panel Vector Autoregressions with Unit Roots and Cointegration ［J］. Econometric Theory, Cambridge University Press, 2005, 21 (4): 795 –837.

［8］ Borjas G. J. Assimilation, Changes in Cohort Quality and the Earnings of Immigrants ［J］. Journal of Labor Economics, 1985, 3 (4): 463 –489.

［9］ Canova, F. and M. Ciccarelli. Forecasting and turning point predictions in a Bayesian panel VAR model ［J］. Journal of Econometrics, 2004, 1

(20): 327 – 359.

[10] Canova, F. and M. Ciccarelli and E. Ortega. Similarities and Convergence in G7 Cycles [R]. CEPR Discussion Papers No. 4534, 2004.

[11] Forslid R. Agglomeration with Human and Physical Capital: an Analytically Solvable Case [R]. CEPR Discussion Paper No. 2102, 1999.

[12] Forslid R. and Ottaviano G. An Analytically Solvable Core – Periphery Model [J]. Journal of Economic Geography, 2003, 3 (3): 229 – 240.

[13] Fujita M. and Thisse J. Does Geographical Agglomeration Foster Economic Growth? And Who Gains and Loses from it? [J]. The Japanese Economic Review, 2003, 54 (2): 121 – 145.

[14] Fujita M. and Krugman P. and Venables A. J. The Spatial Economy: City, Region and International Trade [M]. Mit Press, 1999.

[15] Jorgenson. D. W. Surplus Agricultural Labor and the Development of a Dual Economy [J]. Oxford Economic Papers, New Series, 1967, 19 (3): 288 – 312.

[16] Krugman P. and Venables A. J. Globalization and the Inequality of Nations Quarterly [J]. Journal of Economics, 1995, 60 (4): 857 – 880.

[17] Krugman P. Increasing Returns, Monopolistic Competition and International Trade [J]. Journal of International Economics, 1979, 9 (4): 469 – 479.

[18] Kuznets, Simon. Economic Growth and Income Inequality. American Economic Review, 1955, 45 (3): 1 – 28.

[19] Lewis. W. A. Economic Development with Unlimited Supply of Labor [J]. The Manchester School of Economic and Social Studies, 1954, 22 (2): 139 – 191.

[20] Martin P. and Rogers C. A. Industrial Location and Public Infrastructure [J]. Journal of International Economics, 1995, 39 (3): 335 – 351.

[21] Martin P. and Ottaviano G. Growing Locations: Industry Location in a

Model of Endogenous Growth [J]. European Economic Review, 1999, 43 (2): 281 – 302.

[22] Mincer J. A. Schooling, Experience and Earnings [M]. Columbia University Press, 1974.

[23] Nicoud R. F. A Simple Geography Model with Vertical Linkage and Capital Mobility [Z]. London: London School of Economics, 2002.

[24] Ottaviano G. Monopolistic Competition, Trade and Endogenous Spatial Fluctuations [J]. Regional Science and Urban Economics, 2001, 31 (1): 51 – 77.

[25] Ottaviano G. and Tabuchi T. and Thisse J. Agglomeration and Trade Revisited [J]. International Economic Review, 2002, 43 (2): 409 – 436.

[26] Pesaran M. and Ron S. Estimating long – run relationships from dynamic heterogeneous panels [J]. Journal of Econometrics, 1995, 68 (1): 79 – 113.

[27] Petty W. Political Arithmetic [M]. New York: Augustus M. Kelley, 1690.

[28] Ranis G. and Fei H. A. Theory of Economic Development [J]. The American Economic Review, 1961, 51 (4): 533 – 558.

[29] Ravenstein E. G. Census of the British Isles: Birthplace and Migration [J]. Geographical Magazine, 1876, 16 (3): 173 – 177.

[30] Sjaastad L. A. The Costs and Returns of Human Migration [J]. Journal of Political Economy, 1962, 70 (5): 80 – 93.

[31] Stark O. and Bloom D. E. The New Economics of Labor Migration [J]. American Economic Review, 1985, 75 (2): 173 – 178.

[32] Stock, J. H. and Watson, M. W. New indexes coincident and leading economic indicators, NBER: Macroeconomics Annual [M]. Cambridge: MIT Press, 1989.

[33] Todaro. M. P. A Model of Labor Migration and Urban Unemployment

in Less Developed Countries ［J］. The American Economic Review, 1969, 59 (1): 138 – 148.

［34］安虎森，颜银根，朴银哲. 城市高房价和户籍制度：促进或抑制城乡收入差距扩大？——中国劳动力流动和收入差距扩大悖论的一个解释［J］. 世界经济文汇, 2011 (4): 41 – 54.

［35］蔡昉. 城乡收入差距与制度变革的临界点［J］. 中国社会科学, 2003 (5): 16 – 25.

［36］蔡昉. 为什么劳动力流动没有缩小城乡收入差距［J］. 理论前沿, 2005 (20): 18 – 20.

［37］曹冰玉，雷颖. 关于我国农村金融与农业技术进步的实证分析——基于时间序列数据的研究［J］. 中南林业科技大学学报（社会科学版），2010，4 (5): 20 – 24.

［38］曹骥赟. 知识溢出双增长模型和中国经验数据的检验［D］. 南开大学博士学位论文, 2007.

［39］曾国平，王韧. 二元结构、经济开放与中国收入差距的变动趋势［J］. 数量经济技术经济研究, 2006 (10): 15 – 25.

［40］陈斌开，张鹏飞，杨汝岱. 政府教育投入、人力资本投资与中国城乡收入差距［J］. 管理世界, 2010 (1): 36 – 43.

［41］陈池波，贾澎，张攀峰. 农业产业化水平与农村金融供给的关系研究——以河南省为例［J］. 东北师范大学学报（哲学社会科学版），2011 (2): 26 – 28.

［42］陈华，孙忠琦. 金融发展缓解了收入不平等和贫困吗？——基于省区面板数据的实证研究［J］. 上海金融, 2017 (11): 3 – 13.

［43］陈嘉，韦素琼，陈松林. 开放条件下的闽台农业技术进步研究［J］. 资源科学, 2018, 40 (10): 82 – 92.

［44］陈俭. 中国农业产业化发展的金融支持障碍及路径选择［J］. 世界农业, 2015 (3): 183 – 186.

［45］陈径天，温思美，陈倩儿. 农村金融发展对农业技术进步的作

用——兼论农业产出增长型和成本节约型技术进步［J］．农村经济，2018（11）：88－93．

［46］陈柳钦．技术创新、技术融合与产业融合［J］．科技与经济，2007，20（3）：19－22．

［47］陈明星．积极探索城乡融合发展长效机制［J］．区域经济评论，2018，33（3）：125－127．

［48］陈铭恩，雷海章，李同明．农业产业结构调整与农业生物技术进步［J］．经济问题，2001（6）：48－50．

［49］陈迅，童华建．城市化与城乡收入差距变动的实证研究——基于1985—2003年中国数据［J］．生产力研究，2007（10）：64－65．

［50］程开明．聚集抑或扩散——城市规模影响城乡收入差距的理论机制及实证分析［J］．经济理论与经济管理，2011（8）：14－23．

［51］崔金平，刘燕，代斌，等．农村金融发展的减贫效应研究——基于空间异质性与门槛效应分析［J］．金融纵横，2018（1）：46－55．

［52］丁志国，赵宣凯，赵晶．直接影响与空间溢出效应：我国城市化进程对城乡收入差距的影响路径识别［J］．数量经济技术经济研究，2011（9）：118－130．

［53］杜江，张伟科，范锦玲．农村金融发展对农民收入影响的双重特征分析——基于面板门槛模型和空间计量模型的实证研究［J］．华中农业大学学报（社会科学版），2017（6）：35－43，149．

［54］樊纲．缩小地区性差异的途径——在要素流动中缩小“人均收入”的差距［J］．中国国情国力，1995（4）：4－5．

［55］付兆刚，张启文．基于PSTR模型的农村金融渠道减贫效应分析［J］．中南财经政法大学学报，2016（3）：78－86．

［56］傅鹏，张鹏．农村金融发展减贫的门槛效应与区域差异——来自中国的经验数据［J］．当代财经，2016（6）：55－64．

［57］郭剑雄，吴佩．内生增长要素与城乡收入差距［J］．清华大学学报（哲学社会科学版），2006（3）：120－124．

［58］韩其恒，李俊青. 二元经济下的中国城乡收入差距的动态演化研究［J］. 金融研究，2011（8）：15－30.

［59］侯风云，付洁，张凤兵. 城乡收入不平等及其动态演化模型构建——中国城乡收入差距变化的理论机制［J］. 财经研究，2009（1）：4－15.

［60］胡荣华，罗玮. R&D 投入产出效率研究——以南京为例［J］. 科技与经济，2012（2）.

［61］胡支军，涂萍. 基于 DEA 和 DFA 方法的我国商业银行效率实证研究［J］. 商业经济研究，2010（22）.

［62］贾立，王红明. 西部地区农村金融发展与农民收入增长关系的实证分析［J］. 农业技术经济，2010（10）：40－49.

［63］林毅夫，王格玮，赵耀辉. 中国的地区不平等与劳动力转移［C］. 中国经济学会第三次年会论文，2004.

［64］刘必荣. 中国商业银行效率的研究——基于 DEA 窗口分析方法［D］. 重庆大学，2013.

［65］刘芳. 集中连片特困区农村金融发展的动态减贫效应研究——基于 435 个贫困县的经验分析［J］. 金融理论与实践，2017（6）：38－44.

［66］刘宏霞，汪慧玲，谢宗棠. 农村金融发展、财政支农与西部地区减贫效应分析——基于面板门槛模型的研究［J］. 统计与信息论坛，2018，33（3）：51－57.

［67］刘玉春，修长柏. 农村金融发展与农业科技进步——基于时间序列的格兰杰因果分析［J］. 科学管理研究，2014（3）：109－112.

［68］陆铭，陈钊. 城市化、城市倾向的经济政策与城乡收入差距［J］. 经济研究，2004（6）：50－58.

［69］罗楚亮. 经济增长、收入差距与农村贫困［J］. 经济研究，2012（2）：15－27.

［70］马彧菲，杜朝运. 普惠金融指数测度及减贫效应研究［J］. 经济与管理研究，2017，38（5）：45－53.

［71］毛其淋. 经济开放、城市化水平与城乡收入差距——基于中国

省际面板数据的经验研究［J］. 浙江社会科学, 2011（1）: 11 – 22.

［72］秦秀红. 农业产业化与农村金融创新的关联性研究［J］. 统计与决策, 2012（10）: 136 – 138.

［73］冉光和, 鲁钊阳. 金融发展、外商直接投资与城乡收入差距——基于我国省级面板数据的门槛模型分析［J］. 系统工程, 2011（7）: 19 – 25.

［74］宋增基, 张宗益, 袁茂. 中国银行业 DEA 效率实证分析［J］. 系统工程理论与实践, 2009（12）.

［75］苏静, 胡宗义. 农村金融减贫的直接效应与中介效应——基于状态空间模型和中介效应检验的动态分析［J］. 财经理论与实践, 2015, 36（4）: 33 – 38.

［76］孙宁华, 堵溢, 洪永淼. 劳动力市场扭曲、效率差异与城乡收入差距［J］. 管理世界, 2009（9）: 44 – 52.

［77］孙永强, 万玉琳. 金融发展、对外开放与城乡居民收入差距——基于1978—2008年省际面板数据的实证分析［J］. 金融研究, 2011（1）: 28 – 39.

［78］谭燕芝, 彭千芮. 普惠金融发展与贫困减缓: 直接影响与空间溢出效应［J］. 当代财经, 2018（3）: 56 – 67.

［79］陶纪坤. 国内城乡收入差距研究观点综述［J］. 经济纵横, 2007（6）: 77 – 79.

［80］王锦慧, 蓝发钦. 基于 DEA 的我国商业银行效率研究: 1994—2006［J］. 四川大学学报, 2008（4）.

［81］王少平, 欧阳志刚. 我国城乡收入差距的度量及其对经济增长的效应［J］. 经济研究, 2007（10）: 44 – 55.

［82］王伟同. 城镇化进程与社会福利水平——关于中国城镇化道路的认知与反思［J］. 经济社会体制比较, 2011（3）: 169 – 176.

［83］王小鲁, 樊纲. 中国地区差距的变动趋势和影响因素［J］. 经济研究, 2004（1）: 33 – 43.

［84］王雅莉，崔敬．中国城市化经济的社会福利及发展效应分析［J］．辽宁师范大学学报（社会科学版），2012（1）：36－40.

［85］王征，鲁钊阳．农村金融发展与城乡收入差距——基于我国省级动态面板数据模型的实证研究［J］．财贸经济，2011（7）：55－62.

［86］许秀川，王钊．重庆市城市化、剩余劳动力转移与城乡收入差距的系统动力学分析［J］．农业技术经济，2008（1）：91－97.

［87］许召元，李善同．区域间劳动力迁移对经济增长和地区差距的影响［J］．数量经济技术经济研究，2008（2）：35－52.

［88］闫啸，牛荣．农户借贷对收入增长的影响：1771个农户样本［J］．改革，2017（10）：105－113.

［89］杨志海，刘雪芬，王雅鹏．县域城镇化能缩小城乡收入差距吗？——基于1523个县（市）面板数据的实证检验［J］．华中农业大学学报（社会科学版），2013（4）：42－48.

［90］杨忠直，姚林如，李莉．劳动力地区间转移的经济发展趋势分析［J］．管理科学学报，2010（8）：89－96.

［91］姚耀军．金融发展、城市化与城乡收入差距——协整分析及其Granger因果检验［J］．中国农村观察，2005（2）：2－8.

［92］姚枝仲，周素芳．劳动力流动与地区差距［J］．世界经济，2003（4）：35－44.

［93］余静文．重庆统筹城乡改革缩小了城乡收入差距吗？——基于合成控制法的经验研究［J］．西部论坛，2013（1）：1－10.

［94］张杰飞，李国平，柳思维．中国农业剩余劳动力转移理论模型及政策分析——Harris－Todaro与新经济地理模型的综合［J］．世界经济，2009（3）：82－95.

［95］周云波．城市化、城乡差距以及全国居民总体收入差距的变动——收入差距倒U形假说的实证检验［J］．经济学（季刊），2009（7）：1239－1256.